U0607317

JIANMING YUNDONG SHENGWU LIXUE

简明运动生物力学

主　编　甄　洁　肖　涛

副主编　马博威　李　菲

　　　　张天扬　王　伟　时静宇

审　稿　张庆来

重庆大学出版社

图书在版编目(CIP)数据

简明运动生物力学/甄洁,肖涛主编. -- 重庆:
重庆大学出版社,2020.7
高等学校体育学类本科专业系列教材
ISBN 978-7-5689-1970-8

Ⅰ.①简… Ⅱ.①甄… ②肖… Ⅲ.①运动生物力学
—高等学校—教材 Ⅳ.①G804.6

中国版本图书馆 CIP 数据核字(2020)第 008730 号

简明运动生物力学
JIANMING YUNDONG SHENGWU LIXUE

主 编 甄 洁 肖 涛
策划编辑:唐启秀
责任编辑:文 鹏 邓桂华 版式设计:唐启秀
责任校对:张红梅 责任印制:张 策

*

重庆大学出版社出版发行
出版人:饶帮华
社址:重庆市沙坪坝区大学城西路 21 号
邮编:401331
电话:(023)88617190 88617185(中小学)
传真:(023)88617186 88617166
网址:http://www.cqup.com.cn
邮箱:fxk@ cqup.com.cn(营销中心)
全国新华书店经销
重庆市正前方彩色印刷有限公司印刷

*

开本:787mm×1092mm 1/16 印张:8.25 字数:178 千
2020 年 7 月第 1 版 2020 年 7 月第 1 次印刷
ISBN 978-7-5689-1970-8 定价:29.80 元

总　序

2016 年 8 月 26 日，全国卫生与健康大会通过的《"健康中国 2030"规划纲要》体现了党和政府对人民群众健康权益和促进人全面发展的高度重视，表达了我国由体育大国向体育强国迈进的国家意志。"十三五"期间，全面建成小康社会为体育发展开辟了新空间，经济发展新常态和供给侧结构性改革对体育发展也提出了新要求，建设健康中国更是为体育发展提供了新机遇。然而，当前我国体育人才发展水平同体育事业的发展需求仍有差距，存在着体育人才总量相对不足、体育人才培养质量不高、各类体育人才发展不均衡、高层次创新型人才短缺等现象，还不能满足体育强国建设的需求，难以发挥体育人才在体育事业发展和体育强国建设中的基础性、战略性、决定性的作用。特别是在体育专业人才培养质量方面，受招生规模不断扩大、生源质量参差不齐等诸多因素的影响，培养质量并未达到预期的目标。究其体育教学本质原因，学校体育教学目标、教师、学生、内容、方法、过程、环境、评价等都难以免责，作为教学内容的载体——教材，其质量的好坏无疑决定着人才培养质量的高低。尽管体育学科教育改革在不断深化推进，但教学内容方面的创新改革力度仍显不足。目前，体育学类本科专业的教材内容仍以传授知识为中心，教材编写一直存在高度抽象化、纯粹理论化、逻辑不清晰、结构混乱、叙述晦涩、实例奇缺的问题，国际上最新的研究成果和理论较少能在教材中得到更新，缺乏内容丰富、结构合理、描述生动并有大量生动实例的教材。整体上，体育学类本科专业教材存在建设滞后、缺乏个性化、内容更新周期缓慢、编写水平不高和装印质量低下等问题。其导致的结果就是出现教师"教不会""教不清"和学生"学不会""用不上"的窘况，教学质量难以保证，提高教学质量更无从谈起。如何紧跟经济社会的发展变化，编写出能反映体育学科专业的最新研究成果，更好地适应教法更新和学法创新，激发现代大学生的学习兴趣，在教材内容、逻辑结构和形式编排等方面不断彰显优秀经验传承与创新的教材将是编写者关注的核心问题，也是提高教材编写水平和教学质量的重要保证。

"高等学校体育学类本科专业系列教材"是依据"健康第一"的教育理念和《高等学校体育学类本科专业类教学质量国家标准》（修订稿）（以下简称《标准》）规定的专业课程体系要求，由编委会组织多位资深任课教师尤其是优势和特色专业学科带头人、知名学者、教授，在具备深厚学术研究背景、长期教学实践和教材编撰研究经验的基础上，编写出的体现体育学科研究成果的高质量系列教材。按照《标准》规定的专业必修课课程要求，编写了专业类基础课程（体育学类本科专业均需开设的课程），包括"体育概论""运动解剖学""体育心理学""运动生理学""体育社会学""健康教育学""体育科学研究方法"7 门专业类基础课程的教材，并按照专业方向课程开设要求采用"3+X"的模式，编写了"学校体育学""运动训练学""体育竞赛学""体育市场营销学""中国武术导论"等专业方向课程以及"运动生物化学""运动生物力学""体育管理学""乒乓球""排球""武术""体操""篮球""健美操""羽毛球"等模块选修课程的教材。该系列教材既可以供体育学类本科专业学生使用，也可以作为各级各类体育教师和教练员的参考用书。

本系列教材的特色有以下几点：

一是力求体育学科理论知识阐述和论证适可而止，避免机械地叠加理论或过度地引用、借用观点。力争避免高度抽象化和纯理论化，使教学内容丰富，更加贴近现代体育专业本科生的学习兴趣，体现新课程体系下新的课程内容，注重提高学生的实践能力，培养学生的创新能力。

二是立足理论联系实际的观点，突出学以致用的目标。在编写体例上强化了篇、章、节之间逻辑关系的清晰和结构的合理，在案例、材料的选择上更加突出新意。根据知识的脉络和授课的逻辑，设计了思考、讨论或动手探索、操作的环节，提升了互动性。同时，根据篇幅及教学情况，以知识拓展、阅读和实践引导、趣味阅读等形式，适当增加拓展性知识，力图使教师"教得会""教得清"，学生"学得懂""用得上"。

三是力求做到简洁、明晰。在大纲设计、内容取舍上，坚持逻辑清晰、行文简洁，注意填补新兴学科、交叉学科等教材的空白以及相关教材体系的配套，避免大而全、面面俱到的写作，力图使教材具有基础性、实用性、可读性以及可教性，最大限度地避免言不切实、空泛议论的素材堆积。

本系列教材编委均是各个专业研究领域的专家，大都具有博士学位，对各自的研究领域非常熟悉，有很深的研究与很高的学术造诣。他们所撰写的内容均是各自潜心研究的成果，如何编写好体育学类本科专业学生系列教材，全体编写人员在科学性、实用性、可读性、针对性和先进性方面作了初步尝试。由于编者水平有限，并且交流和讨论不够，不足之处在所难免，欢迎读者批评指正，修订时将作进一步充实与完善。

虽然编委会按照《标准》的要求，有规划地对系列教材进行组织、开发和编写，但对教材质量和水平的高规格要求，一部分重要课程的教材并未被列入此次教材编写的名目，编委会将在后续编写中逐步增补。

本系列教材的编写，得到重庆大学出版社领导的大力支持与帮助。同时，全国高等学校体育教学指导委员会技术学科组原副组长王崇喜教授，全国高等学校体育教学指导委员会委员、河南省高校体协主席林克明教授等专家也给予了许多的鼓励、建议与指导，编写时参考了诸多专家、学者的前沿研究成果，在此一并表示衷心的感谢！

高等学校体育学类本科专业系列教材编委会

2016 年 10 月

前　言

　　"运动生物力学"是体育科学中实践性较强的课程之一,涉及生物学、力学、运动技术等多门学科的知识结构及研究成果,是体育类专业课程中比较难掌握的一门课程。

　　根据多年的教学经验并结合教学实践的需要,本书在编写过程中,总结及参考了国内外相关教材,为本科生提供"运动生物力学"的基础知识及基本理论,概念明确、通俗易懂。学生通过对本课程的学习,能够用运动生物力学知识对体育运动中的具体问题进行分析,并在训练实践中加以应用,提高训练质量《简明运动生物力学》在全书内容的设计上,不求大而全,而是充分考虑了体育专业学生的知识特点和实际需要,尽量避免繁复的公式推导和深奥的理论叙述,运用大量的图片和实例来说明运动生物力学原理对体育运动实践的指导,以帮助学生充分理解和灵活应用所学知识。在使用《简明运动生物力学》时,可根据学生的具体情况选择教学内容和深度。

　　本书第一章介绍了运动生物力学的学科概念、研究任务、研究方法及运动生物力学的历史与发展状况。第二章介绍了肌肉、骨、关节的生物力学参数特征,运动对肌肉、骨、关节的生物力学影响,骨骼肌的三元素模型,肌肉张力与长度、速度、功率、持续时间之间的关系,骨骼的受力形式等。第三章介绍了人体运动的简化模型、惯性参数、转动惯量、运动学参数及动力学参数,运动生物力学原理对运动状态改变的规律基础。第四章介绍了影响人体平衡的力学因素及生物学因素,影响抛射体运动的因素,体育运动中流体力学基本知识等。第五章将运动生物力学基本理论与体育运动中的基本运动技术相结合,以提高运动基本原理指导运动技术实践的能力。第六章介绍了运动损伤的分类、运动损伤的特点、运动损伤的原因、运动损伤部位与运动项目技术特点的关系,并对常见的几种运动损伤进行生物力学分析,便于在运动过程中注意防范,安全运动。

　　本书由甄洁、肖涛任主编,马博威、李菲、张天扬、王伟、时静宇任副主编。

初稿完成后，由甄洁、肖涛对全书进行串稿和统稿。由于编者水平有限，书稿难免存在不足或瑕疵，请各位专家、同行及广大读者批评指正，我们将十分感谢。

本教材有配套课件及相关视频资料请登陆"重庆大学出版社"官网查找。

编　者
2019 年 9 月

目 录

第一章
运动生物力学概述

第二章
人体材料力学基础

第三章

人体运动的生物力学参数

第四章

人体运动的生物力学应用

第五章

动作技术运动生物力学基础

第六章

运动损伤的生物力学分析

参考文献

第一章
运动生物力学概述

【学习任务】

　　通过本章内容的学习,了解运动生物力学的学科概念;明确运动生物力学的研究任务;熟悉运动生物力学的研究方法;了解运动生物力学的历史与发展状况。

【学习目标】

　　1.知道运动生物力学的学科概念。

　　2.掌握运动生物力学的研究任务。

　　3.知道运动生物力学的研究方法。

　　4.了解运动生物力学的历史与发展状况。

"运动生物力学"是体育科学中实践性较强的课程之一,涉及生物学、力学、运动技术等多门学科的知识结构及研究成果,是体育类专业课程中比较难掌握的一门课程。

一、运动生物力学的学科概述

生物力学是应用力学原理和方法对生物体的力学问题进行研究的生物物理学的分支,是生物学和力学融合而成的一门边缘性交叉学科。其研究范围和研究领域非常广泛,从生物整体到系统、器官(包括骨骼、脏器、血液、体液等),从植物到动物的体液运输等。生物力学的理论基础是动量定律、能量守恒定律、质量守恒定律三大定律及其描写物性的本构方程,研究的重点是与生理学、医学有关的力学问题。

生物力学的分支较多,目前国际上比较热门的研究除运动生物力学外还有微观生物力学、生物材料力学、生物流体力学、生物结构力学、心血管动力学、生物运动力学、生物热力学、生物计算力学、生物固体力学等,人体各器官、系统,特别是心脏—循环系统和肺脏—呼吸系统的动力学问题、生物系统和环境之间的热力学平衡问题、特异功能等问题也是当前研究的热点。生物力学的研究,不仅涉及医学、体育运动方面,而且已深入交通安全、宇航技术、军事科学等方面。

中国对生物力学的研究,有很大一部分已经与中国传统医学结合,如在骨骼力学、无损检测、气功、推拿、生物软组织等方面的研究已经形成中国自己独有的特色,通过更加深入的研究,为中国传统中医注入了新鲜的血液。

运动生物力学是生物力学的一个重要分支,它是用静力学、运动学以及动力学的基本原理,结合解剖学、生理学研究体育运动中人体(或器械)机械运动规律的科学。它是将体育运动中人体(或器械)复杂的运动形式以及变化规律结合力学和生物学的原理进行研究。运动生物力学也是体育科学的一个重要组成部分,如运动能力的极限及提高、体育动作技术的分析与诊断、运动损伤的预防、运动训练规律的探索、体适能的分析与训练、运动器材装备的设计和改进等。

运动生物力学是研究人体在外力和肌力作用下的运动规律。在运动生物力学研究中,神经系统的控制和反馈过程以简明的控制规律代替;肌肉活动简化为受控的力矩发生器;研究对象(人体)的模型可忽略肌肉变形对质量分布的影响,简化为多刚体系统。相邻的环节之间以关节相连接,在受控的肌力作用下产生围绕关节的相对转动,影响并完成系统的整体运动。人体运动可以描述为:在神经系统的控制下,以骨骼为杠杆、以关节为支点、以肌肉收缩为动力的机械运动。

二、运动生物力学的学科任务

运动生物力学是适应体育运动的需要而产生的,是理论与实践紧密结合的一门学科。运动生物力学的主要任务有两个:一是提高运动技能水平(或称为运动成绩),包括休闲运动、全民健身及竞技运动;二是预防运动损伤。学科的主要任务如下:

(一)研究人体结构与运动功能之间的关系

人体的运动器系是由骨、关节及肌肉组成,其主要功能是使人体运动。要想揭示人体运动的力学规律,只有深入认识人体运动器系组成部分的结构、功能及其力学特点和力学特性,才能最大限度地发挥人体运动器系的功能,避免运动损伤。运动生物力学在研究人体运动的表现形式和运动原理的同时,也要研究影响人体运动的外界条件与运动技术的关系,并根据人体的形态机能特点,结合对运动场地、运动器材的改进,研究最合理、最有效的运动技术,以求取得最好的运动成绩。

(二)研究人体运动技术规律,改进运动技术和实现最优化

提高运动成绩最常用的方法就是改进运动员的技术动作。动作技术原理与最佳运动技术是需要了解的两个概念。动作技术原理是指完成某项动作技术的基本规律,不考虑运动员的性别、体型、运动素质的发展水平和心理素质等个体差异,具有共性特点的一般规律,它适用于任何人;最佳运动技术因人而异,要考虑个人的身体形态、机能、心理素质和训练水平来应用一般技术原理,以求取得最理想的运动成绩,既有共性,也有个性特征。

教练员或教师利用运动生物力学的定性分析方法来改进运动技术的过程是动作技术改进最常见的一种表现形式。另外,研究人员发现新的或更先进的动作技术能够提高运动水平时,需要利用定量分析方法来评定新技术,并与教练员或教师进行沟通,指导他们在教学或训练上推广使用。

运动技术分析是竞技体育的主要研究任务之一,对运动技术进行分析的步骤为:第一,确定研究对象,并分析其技术动作的研究目标;第二,逐一找出影响研究对象的生物力学因素;第三,确定这些因素与技术动作研究对象之间的关系及影响程度;第四,通过实验测定影响运动技术的因素,改善动作技术的方法及手段。例如,跳高项目研究对象(人)的目标就是要跳得高。通过对跳高技术特征的分析,确立影响跳高成绩的直接因素,包括起跳时的初始条件、起跳腿及摆动腿和摆动臂的技术参数和天气因素;挖掘更深层的间接影响因素,包括身体形态、身体素质、技术水平、心理因素等多重因素。

(三)研究设计和改进训练方法及手段

在对运动技术进行运动生物力学诊断时,不能只停留在测量、分析和评价运动技术的层面,更重要的是提出针对性的改善训练手段,来增加运动训练的适应性,并提高运动成绩。实践应用可以从几方面着手:首先对运动员的动作参数进行运动学测量并进行技术分析,然后通过测试找出影响运动技术提高的因素,最后协助教练员或教师判断运动员改进运动技术所需要的训练手段种类。例如,运动员的运动成绩无法提高,可能是某些肌群的肌力、动作速度或技术方面欠缺而受到限制,有时这些限制可能比较明显。又如,要做出漂亮的燕式平衡动作,摆动腿积极上抬,待整条腿伸直后继续向前或向后上方蹬伸,除身体平衡稳定性高、腰部的柔韧性好、重心低等因素外,支撑腿力量的大小是维持这一动作平衡稳定性关键的要素。教练员在训练中应采用合理的训练方法,增强支撑腿半腱肌、胫骨前肌

的力量和摆动腿股直肌的力量,以便更好地完成动作。

(四)设计和改进运动器材及装备

当今体育成绩的刷新与运动器材、体育装备和设施的发展有着密切的联系。可以说奥运会金牌之争,在某种意义上来说就是高科技手段之间的竞争,运动生物力学理论与方法的运用在这一方面起着举足轻重、不可替代的作用,它可以通过改善运动器材来帮助运动员实现运动成绩的提高。"工欲善其事,必先利其器",运动生物力学原理的运用加上新材料、新工艺的不断创新,经过改进后的运动器材(器械)会给运动成绩带来翻天覆地的变化。一个经典的例证就是撑竿跳高项目中杆的演变。当竹竿、金属杆取代坚硬沉重、没有弹性的木杆后,撑竿跳高的纪录节节攀升。直到轻巧而富有弹性的玻璃纤维、碳纤维杆问世后,由于助跑速度的增加和动能、势能转换效率的大幅度提高,带来了撑竿跳高成绩飞越性的突破——瑞典名将阿曼德·杜普兰蒂斯创造男子6.18 m的纪录。根据用途,体育器材装备包括以下几个方面:比赛和训练用的专项运动器材;测试和科研用的仪器设备;力量、速度、柔韧性等专项训练器材和设备;全民健身用器材设备;防护器具;裁判用器具;服装、鞋帽等。

此外,体育工效学和体育工程学也是与运动生物力学有着密切相关的新兴的、交叉的、边缘性学科。体育工效学是指综合运用生理学、心理学、卫生学、人体测量学等,研究生产系统中人、运动装备和运动环境之间的相互作用,然后将结果应用于运动器材、运动装备、运动环境等的设计与开发上,以配合与优化人的运动达到安全、健康、舒适及提高运动成绩的一门边缘科学。体育工程学是工程学与体育的有机结合,以提高体育竞技水平和增强体质为目的,主要开展人体运动特性、运动方式的测量研究与相关运动器材设备的研制等工作。体育工程学是更广意义上的一个概念,在探讨人(运动员)与器械的互动关系、改革与创新运动器材与装备方面,都有着直接与重要的应用。我国在这方面起步比较晚,2004年12月中国体育科学学会主办,北京体育大学和中国机械科学院承办的首届中国体育工程和科技产业论坛是个良好的开始。

(五)预防运动损伤

运动损伤是与体育运动的目的、体育运动的宗旨背道而驰的,应该防止运动损伤的发生。但是运动损伤在竞技体育、全民健身、休闲体育中经常发生。预防运动损伤是全体体育工作者的责任和义务,也是运动生物力学研究的一大基本任务,同时也是当代运动医学研究的热点,从运动损伤发生的机制,到运动损伤的检测与研究方法,相关应用研究越来越普及和深入。各国政府特别是欧美等发达国家对医疗与健康研究的重视,一些生物力学实验室也逐渐从与竞技运动相关的研究向运动与健康促进的生物力学研究转型。

力是人体运动的动力,但对于人体及其器官而言也是一种负荷,当力接近或超过人体器官的承受能力时,就会造成急性或慢性损伤。针对这些负荷进行检测、分析,从而找出运动损伤发生的机制,这是运动生物力学具有挑战性的一项任务。在了解运动损伤发生机制的基础上,可以通过多种途径来预防运动损伤。预防运动损伤及伤后的治疗、康复都需要多学科的密切配合,包括运动解剖学、运动生理学、运动医学、运动心理学、矫正外科学和康复技术等学科。

运动生物力学是探讨作用于人体上的力及力的作用效果的一门科学,在损伤产生的原因、改进预防措施及康复手段等方面发挥着独特的作用。其主要内容如下:

①改进动作技术,减少损伤机会。

②改进器械和装备,减少损伤机会。

③研制各种防护器材,减少损伤机会。

④帮助损伤诊断,提高治疗效果。

⑤设计、改进康复手段和方法等。

例如,运动鞋与场地之间的摩擦直接影响运动员的技术,不同表面特性的运动场在与运动鞋接触过程中会产生不同应力,根据这些应力特点,可以通过改善运动场表面及运动鞋底材料,减少运动员的运动损伤。鉴于跑步人数的不断增加,对不同要求的运动鞋的研究,以及不同跑步落地技术和不同足部血流速度对下肢产生的负荷状况的研究也是热点,对日常行为生物力学进行研究,为人们改善运动方式和负重方式提供了证据,对减轻甚至预防大众在跑步过程中足部周围的损伤有很大帮助。

三、运动生物力学的研究方法及研究方法的现状分析和发展趋势

(一)运动生物力学的研究方法

从研究的形式上,运动生物力学的研究方法可分为理论研究方法和实验研究方法两大类,实验研究方法又分实验室测量法和运动测量法。从研究的领域上,运动生物力学的研究方法可分为物理学研究方法、生物学研究方法和系统性研究方法。从研究材料的来源上,运动生物力学的研究方法可分为原始资料数据的采集整理和资料分析方法。研究运动项目主要以运动学和动力学研究方法为主,生物学的研究方法为辅,综合运用多种实验手段。

美国的理查德·C.尼尔森把运动生物力学的研究方法概括为以下5种:

①研究特定的运动项目或其中的某一环节的生物力学,这种方法主要对运动员,尤其只对某一专项运动感兴趣的教练员非常有用。

②研究多个运动项目中共同包含的运动动作(如着地、起跑等动作)的生物力学。最大的好处是建立一种一般性的理论,这个理论建立在经典力学定律基础之上,或建立在共同的神经控制模式之上。

③运动生物力学的评定方法,如从能耗角度去评价运动技术的优劣等。

④对某一专项运动所涉及的生理学、运动学、动力学以及专项特点等进行综合考虑。

⑤讨论运动中人体器官的生物力学。

中国的周里将研究的方法分为高速摄影(二维与三维)法、录像法、测力法、肌电法、肌力测试系统法、同步测试法、理论分析法和CT法、核磁共振法等。

(二)运动生物力学研究方法的现状分析

1.理论研究方法

运动生物力学理论研究方法的关键是建立人体运动的力学模型。理论研究方法主要是探索人体运动的规律,它的研究对象、研究目的、研究方法和研究成果均不同于实验方法。理论研究方法的研究对象是抽象的人体模型,目的是揭示运动的规律,核心是经典的数学力学的推导运算,结论是揭示运动的内在机理。人体运动的数学模型法是理论研究方法中常用的主要方法。20世纪80年代后,数学模型法有了许多新的突破和进展,近年来随着计算机仿真研究方法的推广应用,我国体育科学研究及运动训练的数字化程度得到了全面提升,逐渐改变了体育科学研究与训练的模式。一些人体肌肉骨骼仿真运动理想模型的研究也成为目前运动生物力学的热点,借助目前流行的运动标记点捕捉系统(如VICON、MOTION等红外捕捉系统)提供的三维运动学数据,转换成不同仿真系统数据,继而转化成不同的数学模型,模拟运动神经肌肉系统的协调工作,为期望的研究目的服务。Kim Nolte等运用LifeModeler研发有模拟三维人体胸椎训练器,并对安全性和有效性进行了研究,Li-nYi-Chung等利用三维跟踪捕捉技术,采用OpenSim-MATLAB交互平台,实现模拟计算12个环节66块肌肉最佳动态人体运动模式的研究,如研究人体最佳运动模式等的模拟仿真模型的研究。模拟仿真系统的不断升级对人体神经、肌肉、骨骼等的模型越来越真实,不同仿真模型系统的研究存在差异,OpenSim已经从2015年的1.0升级为2017年的4.0,这些开放模拟仿真系统都会影响研究的结果。

目前,运动生物力学主要研究人体内部运动器系和表现于外部的人体整体机械运动特征。为了便于研究,运动生物力学理论研究方法的关键是建立人体运动的模型来描述运动。大体有两种方法:第一种方法是人体系统仿真研究方法,其代表人物是南非的力学专家Haze;第二种方法是应用多刚体系统动力学理论建立人体力学模型,代表人物是美国的力学专家Kane。在运动生物力学研究中,大多数力学系统的运动都受牛顿运动定律控制,建立的模型都是牛顿经典力学系统的数学形式。但牛顿力学对活体显然是不适合或不完全适合的,这已被理论或实践所证实。牛顿力学对肌肉、骨骼、关节系统的力学特征以及在解决人体运动器系和整体运动之间的因果关系、把握人体运动行为生物力学规律的体质方面还有一定的困难。模型建构是指对数学力学分析所研究的问题进行的模型建构。建构模型的基本标准是代表性、简单性和实效性。模型按其功能可分3个层次:描述性模型、解释性模型和预测性模型。数学模型目前有:①Hanavan的人体测量数学模型;②Santschiw L等的环节集合分布模型;③Zatsiorsky的数学模型;④中国人体模型;⑤人体二维转动惯量数学模型。

2.实验研究方法

比较成熟的测量方法有两种:一种是在实验室条件下,采用各种类型的测力计和先进的多功能肌力测量系统,对与运动有关的主要肌群进行定量测量,此法可简称为"实验室测量法";另一种是在运动场上通过训练器械或反映运动员专项力量的训练手段,测定运动员的专项力量训练水平,此法可称为"运动测量法"。实验研究方法与理论研究方法相比,前者略显成熟,它主要有以下特点:①在检测手段上随着工程技术的进步,手段越来越多样化。从"传统"的摄影摄像技术发展到三维立体摄影摄像,已经能更精确地反映事物的运动特征,许多新的现代化技术装备也被应用到运动生物力学研究上,如激光瞄准测试分析系统、爱捷运动图像分析系统、六维测力平台SAEMS-T、四导遥测肌电仪、万能材料试验机等。②实验室测量方法与运动场测量方法相结合。例如,为研究自行车运动员前面风力的变化情况,研究人员运用3-D扫描、风洞实验与计算机液体模拟三者结合的综合性研究方法,大大提高了研究的精度与可靠性。三轴运动传感器的应用,为正确描述运动器械的运动轨迹提供了可能。

(三)运动生物力学研究方法的发展趋势

①竞技体育中技术测试研究方法的发展趋势:向着适合于各个运动项目需要的、能够现场及时反馈测试分析结果的仪器设备与方法和提供详细测试分析报告的仪器设备与方法两条并行的途径发展。a.三维跟踪摄像、摄影测量方法的推广;b.摄像、摄影精度逐步提高;c.三维摄像、摄影测量逐步普及;d.影像测量点识别、采集的自动化;e.足底压力分布测试三维化;f.运动技术测试仪器专项化、反馈快速化;g.数学力学模型和人体运动仿真使用化等。以后主要是对经典力学分析、力学模型研究、运动技术最佳化、人体运动仿真、肌肉力学模型等方面进行重点研究,使研究方法和测量手段进一步向科学化和合理化发展。

②模型参数的选择和确定,取决于参数的功能,即区分常规参数和敏感参数,并且使这些参数定量化和具有可比性。关于数据采集,首先是数据采集的标准化,然后是对数据进行力学分析和评价,更重要的是对所采集的数据进行模型模拟,因为模型模拟可以产生有关自变量对应变量影响的系列信息,并建立两类变量之间的数—力关系,从而为技术分析、技术控制和技术最佳化提出预测,为运动损伤、康复手段的选择提供方案。

③运动器系的力学负荷、负荷分布和负荷能力以及运动器官、组织和系统的材料力学是预防生物力学的基础。重力、支持力、相互作用力、介质阻力及摩擦力可作为对运动器系的负荷。通常使用但是并未充分证明是否可靠的指标有最大力、最大加速度、最大力矩、最大力梯度以及冲量、角冲量及它们的持续时间。所谓"最大"值也只是相对极限值。人体机能代偿能力的储备性决定了绝对最大值是不可计测的。近年来关于运动器械和装备,包括鞋、服装方面的研究已引起人们的重视,这将是一个很有吸引力且富有商业价值的领域。

④测量技术、遥测技术和肌肉动力学测量技术(包括离体或在体肌肉动力学测量过程)将成为今后发展的重点,实验方法与理论模型相结合的综合研究日趋增加,主要趋向是遥测无线部分数据发射与数据采集装置的小型化和测量过程及结果分析的快速化。

⑤运动损伤预防与康复领域的研究是生物力学新的研究领域。运动生物力学在运动损伤预防中起了重要作用,随着运动训练科学的不断进步,新的预防研究也不断出现,研究

人员根据运动项目容易损伤的部位,以及不同部位在运动和比赛过程中应力的不同要求,有针对性地进行预防研究,这些为了保护运动员身体健康的基础研究,或许在不远的将来,成为制订比赛规则和运动员道德规范的重要依据。例如,对跳跃运动员某些韧带损伤的力学机制的研究,不同速度和力量的运动技术对关节韧带要求的差异等,也为当前教练员安排训练计划提供了科学的保障。不同疲劳状态及跳跃方式对膝关节前交叉韧带负荷要求的研究,为减少前十字交叉韧带损伤(ACL)提供了重要依据。由于美国高校的橄榄球运动员损伤的人数逐年增加,加上美国高校橄榄球项目上的巨大投入,美国高校运动人体研究人员开始对引起脑震荡所需要的碰撞强度阈值进行研究,对脑震荡预防的头盔不同部分应力的研究成为预防运动损伤的热点,在头盔不同部位,尤其是耳面后侧,牙套内放入三轴向加速感应器,根据应力要求进行安全设计。根据赛艇运动员后背及肋骨损伤的风险,对脚蹬器与座位高度前后距离的研究一直就没有停止过。

⑥随着运动竞技水平和运动训练科学化程度的提高,运动生物力学研究的方向也将从简单的对人体动作技术分析深入到对内在机理的探讨,随着医学科学和康复科学的发展,骨科生物力学、临床生物力学、康复生物力学以及生物工程中的生物力学等将得到迅速发展,逐渐成为国际运动生物力学的主要研究领域。

"生命要力学化,力学要生命化",生命活动中处处包含基本的力学原理,只有采用力学的方法和手段来研究运动,运动生物力学才能作为一门科学来发展。而作为基础学科的力学可以并且应该被赋予研究生命现象的环境之中,以此来寻求二者的相互促进,达到改善生命质量的目的。运动生物力学首先是力学,其次是生物,最后是运动。运动生物力学的技术分析和研究水平有赖于电子设备等精密研究仪器的发展,需要计算机和动作技术最佳化等方面的分析来研究。我国运动生物力学经过多年的发展,研究水平和研究能力已取得长足进步,有相当一部分与中国传统医学结合,在骨骼力学、脉搏波、无损检测、推拿、气功、生物软组织等体医结合项目的研究中已形成自己的特色。研究测试手段需加强计算机仿真及其他运动测试仪器的开发研究,需要加强多学科合作,多种测试方法的研究结合、多领域的综合开发研究,在基础理论研究方面加倍努力,使我国运动生物力学的发展达到国际领先水平。

四、运动生物力学的历史回顾与发展趋势

(一)运动生物力学的历史回顾

古人云:"以铜为镜,可以正衣冠;以史为镜,可以知兴替;以人为镜,可以明得失。"了解过去是为了更好地把握未来,了解和研究运动生物力学的发展历史,可以在前人所走过的历史中吸取经验和教训,得到启发,少走弯路,更有针对性地研究和解决主要矛盾,使工作事半功倍。运动生物力学的发展历史与人体机能学的发展历史是分不开的。

1. 萌芽时期(第二次世界大战前)

生物力学一词虽然在20世纪60年代才出现,但它所涉及的一些内容,却是古老的课

题,该学科萌芽于人们在很早以前就想知道的活的有机体运动,尤其是人类的运动,这是运动生物力学的萌芽背景。

1582 年前后,伽利略得出摆长与周期的定量关系,并利用摆来测定人的脉搏率,用与脉搏合拍的摆长来表达脉搏率等;1616 年,英国生理学家哈维根据流体力学中的连续性原理,从理论上论证了血液循环的存在;1661 年,马尔皮基在解剖青蛙时,在蛙肺中看到了微循环的存在,证实了哈维的论断;1680 年,博雷利在《论动物的运动》中讨论了鸟飞、鱼游和心脏以及肠的运动;1775 年,欧拉写了一篇关于波在动脉中传播的论文;1898 年,兰姆预言动脉中存在高频波,现已得到证实;材料力学中著名的杨氏模量就是英国物理学家托马斯·杨为建立声带发音的弹性力学理论而提出的。

1733 年,英国生理学家黑尔斯测量了马的动脉血压,并寻求血压与失血的关系,解释了心脏泵出的间歇流如何转化成血管中的连续流,在血液流动中引进了外周阻力概念,并正确指出:产生这种阻力的主要部位在细血管处。其后,泊肃叶确立了血液流动过程中压降、流量和阻力的关系;弗兰克解释了心脏的力学问题;斯塔林提出了透过膜的传质定律,并解释了人体中水的平衡问题。

克罗格由于在微循环力学方面的贡献获得 1920 年诺贝尔奖,希尔因肌肉力学的工作获得 1922 年诺贝尔奖。他们的工作为 20 世纪 60 年代开始的生物力学的系统研究打下了基础。

到了 20 世纪 60 年代,一批工程科学家同生理学家合作,对生物学、生理学和医学的有关问题,用工程的观点和方法,进行了较为深入的研究,使生物力学逐渐成为一门独立的学科。其中有些课题的研究也逐渐发展成为生物力学的分支学科,如以研究生物材料的力学性能为主要内容的生物流变学等。

2. 形成及发展时期(第二次世界大战后)

1939 年以后,第二次世界大战爆发,生物力学研究处于暂时停滞不前的状态。1955 年由约翰·邦恩所写的《运动训练的科学原理》一书,是体育科学领域第一本强调力学在运动训练中的应用多于解剖学的教科书。

20 世纪 60 年代,生物力学这个概念越来越流行,而且有更多的人开始参与运动生物力学的研究。1967 年,第一届国际生物力学学术研讨会在瑞士苏黎世举行,会上发表的论文大多是有关人体运动生物力学的研究。此后国际生物力学学术研讨会每两年举办一次。1968 年,国际上第一份《生物力学杂志》创刊,创刊号中有数篇文章是关于运动生物力学的研究。1973 年在美国宾夕法尼亚州成立了国际生物力学学会(International Society of Biomechanics,ISB),并且每两年召开一届国际生物力学研讨会。1975 年在芬兰于韦斯屈莱会议上改称为"国际生物力学学会大会",该名称一直沿用至今。国际生物力学学会大会主要研究讨论运动中的生物力学,内容有肌肉—骨骼力学、人类工效学、运动生物力学、临床生物力学等。1977 年美国生物力学学会成立。20 世纪 80 年代早期,一些对运动生物力学研究有兴趣的学者成立了国际运动生物力学学会,并于 1985 年创刊了《国际运动生物力学杂志》(1992 年该刊改名为《应用生物力学杂志》)。

20 世纪 70 年代至 90 年代,运动生物力学的发展越来越蓬勃,参与运动生物力学研究的人数也急剧增加。计算机的普及,使得利用高速摄影机以及测力装置来收集和分析运动数据资料变得更简单、更快速。没有计算机辅助时,精确计算从摄影资料中所获得的测量数据以及量化生物力学的研究需要花费大量的时间,这也是 20 世纪 60 年代运动生物力学研究人员较少的原因之一。

3. 快速发展时期（20 世纪 90 年代后）

20 世纪 90 年代以来,随着科学技术的飞速发展,现代运动生物力学也进入了快速发展时期,并且在未来一段时间内,运动生物力学将会向着方法更加先进、多种测试手段与分析方法融合的方向发展。

从运动生物力学的研究领域来看,相关学科的移植与创新有新的突破。例如,在运动器材研究方面,简便易测的生物力学器材为科研人员进行运动生物力学研究提供了前提和保障。例如,2016 年美国帕斯科 PS-2142 便携式测力台的研制成功及其校准研究,解决了测力台移动的难题,为测力研究提供了极大方便(质量只有 6.4 kg),而且在垂直方向小于 4 400 N 和水平方向小于 1 100 N 的冲量测量上,具有极高的效度和准确性。基本运动器材的更新换代是运动员个性化和科技进步的标志,运动鞋是运动员参加训练和比赛的基本器材,一些运动鞋生产厂家投入很多的精力,为新闻传播效应极高的运动明星量身定做运动鞋已经成为一种时尚,为特定运动项目和特定运动技术制作适宜的运动鞋也是未来运动生物力学研究的长期任务。

从运动生物力学的研究方法来看,新的研究方法不断出现,一些方法的综合运用成为研究的趋势。例如,运用 3-D 扫描、风洞实验与计算机液体模拟三者结合的综合性研究方法。借助目前流行的运动标记点捕捉系统(如 VICON、MOTION 等红外捕捉系统)提供的三维运动学数据,转换成不同仿真系统数据,继而转化成不同的数据模型,模拟运动神经肌肉系统的协调工作的人体肌肉骨骼仿真运动理想模型。

从运动生物力学的研究队伍来看,从事运动生物力学的研究者的规模和水平快速提升。早期大多由力学、生物学及体育学的研究者构成,现在则打破了传统的学科界限,大批其他学科的研究者如工程力学、计算力学、电子科学和医学工程的人才的加入很好地丰富了学科交叉,充实了学科的内涵,提升了生物力学的学科研究水平。

(二)运动生物力学的发展趋势

科学技术的快速发展对运动生物力学的影响越来越大。运动生物力学的基础理论研究依然是研究者的根本任务,它能够决定整个运动生物研究的起点高度,如有关人体重心位置、环节重心位置及人体模型的研究。纳米生物力学已经问世,宏观的人体生物力学研究在条件许可的前提下,可能会向微观纳米方向发展。分子运动生物力学在不远的将来就会出现在运动人体领域,训练中各种训练生物力学参数的研究将会逐渐过渡到即时反馈,光电传导跟踪捕捉系统已经成功运用于运动训练与体育比赛的许多环节,最新的细胞牵张拉伸应力系统 FX-5000T 细胞牵张拉伸应力加载系统研制成功。伴随着大众健身、老年社会和国内体育产业发展高潮的到来,许多新兴领域将会以我们不可预知的速度进入并影响我们的生活,运动生物力学的研究前景将会更加广阔。研究工具的每一次改进,都会为运动生物力学的发展提供更广阔的发展空间和前景。

本章小结 —— 提高运动成绩、诊断与改进运动技术、预防运动损伤是运动生物力学的三大主要研究任务。运动生物力学在传统的运动技术分析与诊断,运动损伤与康复和训练过程的监控过程中仍然发挥着重要作用,在运动器材研制及提高运动成绩的场地研究方面也有新的进展,综合性的研究方法运用越来越多,越来越实用。近年来,随着相关学科研究的不断深入,新兴的运动学和动力学研究已经进入全新的时代,使运动生物力学的研究越来越客观和可靠。

回顾与思考

1. 试述运动生物力学的概念及基本特点。
2. 试述运动生物力学的研究内容及任务。
3. 试述"生命要力学化,力学要生命化"。
4. 简述运动生物力学的发展趋势。
5. 简述运动生物力学研究方法的发展趋势。

案例分析

高科技特制装备亮相　中国王牌军向科技要金牌
《燕赵都市报》　王伟宏

跳水、体操、乒乓球、射击,这四支王牌部队,几乎撑起中国奥运金牌的半壁江山。北京奥运会日益临近,背负夺金重任的四大王牌军的领导却连番喊"难"。昨天,四队联合发布的最新"战服"全都采用了高科技手段,希望这些装备能助选手们一臂之力。

■跳水:独特排水槽减水阻

跳水梦之队一直是中国体育代表团的夺金大户,理论上甚至有包揽金牌的可能,不过近期的表现却让人捏一把冷汗。上周世界杯跳水巡回赛南京站,"一姐"郭晶晶罕见的重大失误敲响了警钟。昨天,游泳运动管理中心副主任、中国跳水队领队周继红说,中国跳水队虽有"梦之队"美誉,无奈当今世界跳坛竞争激烈,中国选手无绝对优势可言,一些队员的状态也不是特别出色,并得出结论:北京奥运会跳水队每一枚金牌都会很难。

高科装备:众所周知,跳水比赛运动员入水时的水花大小,将直接决定运动员的分数。昨天中国跳水队公布的最新泳衣,后部都有一个独特设计的排水槽,使得运动员入水时能够将泳衣与身体间的水迅速排干,能减小阻力从而减少水花。

■体操:神奇纤维更加舒适

中国体操队雅典的不愉快还未散去,前不久女队又抽到北京奥运会的下下签,原本乐观的北京奥运之旅似乎又要重起波澜。有鉴于此,体操运动管理中心主任高健昨天也对女队不无担忧:"我们最不想第一个上场,但偏偏就抽到了第一场;没有人愿意第一项就比平衡木,但我们偏偏就抽到了平衡木。"

高科装备:体操运动员比赛时动作大开大合,对服装的伸展性和舒适度要求极高。一种高科技纤维被应用在中国体操队最新比赛服中,优质弹性能让运动员在比赛中毫无束缚、尽情舒展。女选手的比赛服中还掺进了一种含有天然萃取成分的微胶囊,运动时这些微胶囊就会破裂并散发出清香,可以帮助运动员缓解疲劳和紧张。

■乒乓球:能防汗水滴落球台

乒乓球被称为国球,但国乒目前遭遇到各种因素的围追堵截,形势也是空前严峻。昨天,乒羽运动管理中心主任刘凤岩大吐苦水,他表示2004年雅典奥运会前国际乒联出台的11分制、无遮挡发球等改革,目的就是削弱中国队优势,经过几年的适应,中国乒乓球队仍未完全驾驭新赛制,在重大国际比赛上,非常容易被对手爆冷击败,北京奥运会形势也不容乐观。

高科装备:打乒乓球的人都知道,运动时滴在球台上的汗水可能导致乒乓球突然变向,滴在地板上的汗水则可能使打球者滑倒,而比赛时这种现象将会更多地出现。中国乒乓球队刚刚配备的新比赛服,则使用了一种超强吸湿排汗的面料,并且让运动员在大幅度挥臂时拥有更大的腋下抬起量。

■射击:除湿散热排除干扰

射击项目的偶然性让所有业内人士都感到头疼,即便麾下拥有一大批世界顶尖选手,国家射击射箭运动管理中心主任高志丹也表示:"射击运动员在主场作战时心理压力特别大,北京奥运会对于中国射击队来说是比以往任何一项赛事都要难打的比赛。尤其是在很可能产生北京奥运会首枚金牌的女子10 m气步枪项目上,中国选手的压力更大,何况对手实力也很强劲。"

高科装备:射击比赛中任何一些不舒服的因素都可能让运动员心理产生波动从而影响战绩。中国射击队的新射击服专门采用高科技的排汗除湿散热系统,让射击服的透气性和散热性都得到大幅提高。

相关历史事件

撑竿跳的变迁

《科学时报》 赵致真

1994 年 7 月 31 日,意大利塞斯特里尔田径场,号称"跳高沙皇"的乌克兰运动员布勃卡"揭竿而起",把自己的身体撑向蓝天,一举越过了 6.14 m 横杆。这是人类克服地球引力的凯歌,也是人类体育运动目前所达到的高度上限。在布勃卡时代,天下好手参加撑竿跳高比赛常常只有亚军可争。

撑竿跳高究竟起源于何时已经很难考证。在远古的年代,人们撑着一根木杆或长矛跨过溪流,越过短墙,腾上马背……此后渐渐发展为一项体育运动。1789 年,德国人普茨跳过了 1.83 m,这大约是历史上第一个有案可考的撑竿跳高纪录。

早期撑竿跳高

1896 年的第 1 届奥运会上,撑竿跳高就成为最引人入胜的正式比赛项目,不过属于体操项目。当时使用的撑竿大多由山胡桃木制成。美国运动员威廉·霍亚特靠着这种沉重、坚硬、粗笨的实心木杆,创造了 3.3 m 的世界纪录。

早期奥运会的滑稽故事在撑竿跳高项目中也不乏其例。1904 年在美国圣路易举办的第 3 届奥运会上,日本选手左间代富士从容不迫地把撑杆插到地上,然后以极其麻利的动作来了个"顺竿爬",直到高过横杆时才轻松跳下。他的这种"杂技表演"不仅令观众目瞪口呆,也让裁判不知所措。此后才制订了起跳后握竿双手不能交替移动的"游戏规则"。

用竹竿取代木杆,是撑竿跳高历史上的重大进步。竹竿更富有弹性,天然的中空结构使竿重减轻有利于快速助跑。1908 年伦敦奥运会上,美国耶鲁大学学生吉尔伯特第一次使用竹竿跳过 3.71 m 获得冠军。他随后从巴黎购买了大量竹竿行销到美国各地。盛产上乘竹子的日本曾领尽风骚,在洛杉矶奥运会上,日本选手西田修平仅以 1 cm 之差直逼霸主美国队,柏林奥运会两位日本运动员把奖牌切开再焊接成两块银、铜各半奖牌,这类奇迹和轶事都发生在日本撑竿跳高的"辉煌时代"。而历经5年时间阴干和炮制的日本撑竿工艺也首屈一指,各国好手几乎都把来自"竹乡"上野、四国的日本撑竿视为珍稀的上选。"竹竿时代"的世界纪录上升到了4.77 m。

1936年柏林奥运会上美国运动员迈多斯使用竹竿创造4.35 m的奥运会纪录

第二次世界大战没有理睬古奥运"神圣休战"的原则,第12、第13届奥运会成为历史上永远的空白。作为交战双方,欧美国家从日本进口竹竿的渠道被完全阻断。而苦难中的人们并没有因战争而丧失撑竿跳高的兴致,他们被迫另辟蹊径,早在1920年便有人尝试的金属撑杆开始备受青睐。

和自然生长的竹竿相比,这种用瑞典钢和铝合金制成的空心撑杆更加轻便光洁,尺寸标准,坚牢柔韧,运动员可以更放心大胆地加快助跑和提高握杆点而不用再担心"折戟沉沙"。世界纪录因此而提高到4.80 m。

另外一项看似简单却功不可没的发明,是插斗的使用。早期的撑竿为了防止打滑,都在末端安上一个或者一组粗大的铁钉。1908年伦敦奥运会上,美国运动员吉尔伯特在撑竿的落地处挖了个坑,结果被视为犯规。直到1924年,木制的插斗才成为撑竿跳高的"标准配置",从此运动员有了一个稳定可靠的"支点"。

1952年,当更轻、更韧、更富有弹性的玻璃纤维撑杆第一次在赫尔辛基奥运会上出现时,谁也没有预料到撑竿跳高将进入一个梦幻般的新时代。1961年美国运动员戴维斯创造了玻璃纤维撑杆的第一个世界纪录4.83 m。次年2月,约翰·尤尔西斯跳过4.89 m。1964年弗莱德·汉森把世界纪录提高到5.28 m。短短几年间,撑杆好手群雄竞起你追我赶,世界纪录墨迹未干便再被刷新,直到突破6 m大关。和其他任何田径项目相比,这种势如破竹的"跃进"都是绝无仅有的。

玻璃纤维杆本身没有能量,究竟是何种原因导致它如此"立竿见影"的功效呢?如果"刚性"的木杆和"柔性"的纤维杆进行对照来作一番简略讨论,将会看到力学中关于能量转换的最生动演示。

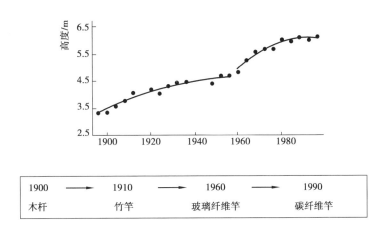

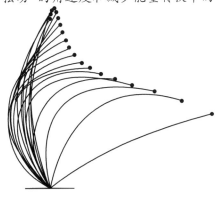

奥运撑竿跳高纪录

　　玻璃纤维竿的重量大大减轻,使运动员持竿助跑的速度得以猛增,而聚集在竿上的动能是和助跑速度的平方成正比的。再说"刚性"撑竿和地面的接触是"硬碰硬"的撞击,而"柔性"的纤维竿落地后则更像弹簧的压缩,两者造成的能量损失和对人体的冲击震荡显然大不相同。而当玻璃纤维竿变成一条大弧,运动员握竿点和插斗的直线距离则如一根弦,和"直挺挺"的不可压缩的木杆相比,人-竿转动半径明显缩短,竖竿的力矩大大减少,这意味着运动员能够轻易地提高握竿点。

　　如果把手中的撑竿当作一个"能量转换器"——将水平方向助跑的动能转换为一定高度的重力势能,那么玻璃纤维竿的最大魅力则来自它对能量的有效储存和释放。当纤维撑竿被压弯后积蓄了变形势能,然后将运动员"弹"向空中,等于运动员把水平助跑"挣来的钱""存入银行",接着及时"提取"出来支付垂直上升和跨越横竿需要付出的"费用"。

　　撑竿跳高中的"双钟摆"效应,指的是以穴斗为支点,以撑竿为主体的"长摆",和以肩关节为支点,以人为主体的"短摆"。木杆的"摆长"是不变的,运动员握竿点的轨迹几乎完全是一个陡起的圆弧,而玻璃纤维竿的"摆长"是变化的,运动员身体重心位移是一个平滑的曲线。这十分有利于提高"摆动"的角速度和减少能量转换中的损失。

现代撑竿跳高握竿点的运行轨迹

如果进行更深层次的观察和研究，就会发现撑竿材料的"革命"带来了撑竿跳高整体技术动作模式的变化，运动员起跳后不再是无所作为地等待被"抛掷"，而是开始了一系列精巧、细致、复杂的"杆上动作"。悬垂摆体、后仰举腿、引体转体……最后以竿上"单手倒立"的英姿腾跃过竿，这是何等令人惊叹的高难度技巧。有人把撑竿跳高比作"跳高加体操"的确不无道理。号称"女布勃卡"的俄罗斯运动员伊辛巴耶娃本来就是体操运动员出身，只因身高"不幸"长到了173 cm才被迫改行，也许多亏了体操的"童子功"，成全了她创造5.01 m世界纪录的辉煌之梦。

对撑竿跳高的极限，人们做过多种预测，根据能量守恒的公式计算出水平助跑动能最多可以转化为大约5 m的垂直势能，但显然遗漏了运动员腾空后获得新的能量份额。所谓"撑竿跳"，"跳"和"撑"都是题中应有之义。算总账的时候不光要看到地面上水平助跑积蓄的初始能量，还要加上悬空后手臂一挽一推、身体翻转旋转而新"挣"来的后续能量。

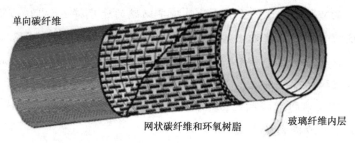

单向碳纤维

网状碳纤维和环氧树脂　　玻璃纤维内层

今天竞技场上的撑竿经过不断更新换代，玻璃纤维和尼龙已经被更加轻便、坚韧而富有弹性的碳素纤维和多种复合材料所取代。通过精密的实验和计算，根据撑竿从上到下受力的差异和弯曲的弧度来设计不同部位最合理的强度，现代的撑竿制作工艺日臻完善和成熟，而纳米材料的应用也许会让撑竿跳高"百尺竿头，更进一步"。

对撑竿材料革命的疑虑和抱怨虽然一直没有停息，但谁也不愿意再回到"擀面杖"和"竹筒子"的年代。撑竿跳高演变的历史是一个经典的例证，讲述了新兴材料如何将这项古老运动推向峰巅。

第二章
人体材料力学基础

【学习任务】

通过本章内容的学习,掌握肌肉、骨、关节的生物力学参数特征;能够理解运动对肌肉、骨、关节的生物力学影响;初步了解肌肉、骨、关节损伤的生物力学机制。

【学习目标】

1. 理解肌肉的基本结构和功能;知道骨骼肌的三元素模型。

2. 掌握肌肉张力与长度、速度、功率、持续时间之间的关系。

3. 理解骨骼的受力形式,并能熟练地应用于实践。

4. 掌握骨疲劳的力学性能。

5. 了解关节软骨的力学性能;了解关节静力学、动力学分析方法。

人体力学是以力学的观点来研究人体的骨、关节、肌肉及其连接的结缔组织构成的运动器系的结构和功能。肌肉提供运动的动力,骨提供运动的支架和杠杆,关节是起连接作用的枢纽,三者在神经系统的支配下,肌肉收缩,牵引骨骼产生运动。人体运动器系的形态和结构与它的功能相适应。

肌肉的生物力学基础

人体有600多块肌肉,每块肌肉都是一个器官。肌肉是运动系统的动力部分,肌肉在神经系统的支配下收缩或伸长,牵引骨骼产生运动,功能是将化学能转化为机械能。肌肉是如何收缩的,肌肉收缩时产生的张力和肌肉长度、收缩速度之间的关系,肌肉收缩做功等问题,在很大程度上决定着人体整体运动动作的实现和完成动作的质量及效果。目前关于肌肉力学性质的研究基本上属于骨骼肌。

一、肌肉的基本结构和功能

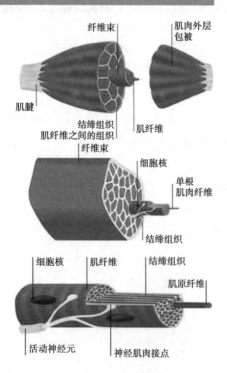

肌纤维是肌肉的主要成分。肌纤维的直径为 $10 \sim 60$ μm,由很多直径为 1 μm 左右的肌原纤维(图2-1)组成,肌原纤维又是由直径为 0.01 μm 左右由肌球蛋白组成的粗丝、直径为 0.004 μm 左右由肌动蛋白组成的细丝(图2-2)构成。粗丝与细丝之间的相对滑动使肌肉发生伸长或缩短。肌原纤维发生伸缩的基本单元是肌小节,肌小节的长度是变化的,充分缩短时长大约为 1.5 μm,放松时长为 $2.0 \sim 2.5$ μm(图2-3)。实验证明,肌肉的主要活动部分是肌球蛋白和肌动蛋白,主要能源是三磷酸腺苷(ATP),功能是将化学能转化为机械能。

图 2-1 肌原纤维

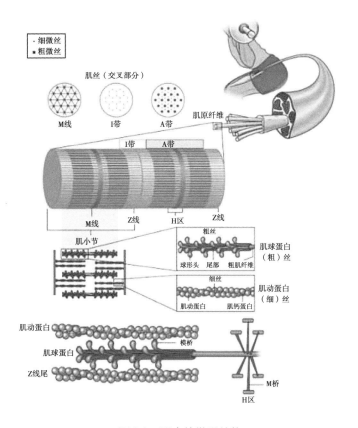

图 2-2　肌肉的微观结构

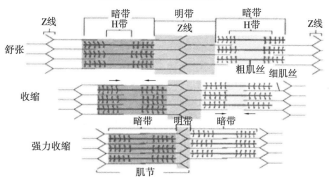

图 2-3　肌原纤维的收缩

二、骨骼肌的力学模型

骨骼肌的力学性质非常复杂,与构成肌肉各成分的力学性质、肌肉的兴奋性和疲劳度都有关系。运动生物力学的研究是通过模型来研究人体的结构和机能的。目前人体普遍接受的是1950年希尔提出的肌肉三元素模型(图2-4),它是在已有肌肉力学性质的研究基础上结合肌肉的结构特征,对肌肉进行抽象化的模型。

收缩元:代表肌小节中可以相对滑动的肌球蛋白和肌动蛋白微丝。兴奋时可产生主动张力,其张力大小与它们之间的横桥数目有关,松弛状态下张力为零,但长度可自由伸缩。

并联弹性元:由肌束膜、肌纤维膜等结缔组织组成。表示的是静息状态下的肌肉力学性质,当被牵拉时产生的弹力,为非线性黏弹性体,被牵拉时产生弹力,称为被动张力。

串联弹性元:代表肌球蛋白和肌动蛋白微丝、横桥、Z线及结缔组织的固有弹性,设它为完全弹性体。

整块肌肉可以被认为是由很多这样的模型混联在一起构成的(图2-5)。模型的并联形成肌肉的横向维度,串联形成肌肉的长度。整块肌肉的力学性质,就是由这些模型组成的整体来决定的。可以理解为,肌肉的长度影响肌肉的收缩速度,但不影响它的收缩力;肌肉的横断面大小导致肌肉收缩力的变化,但收缩速度不会发生变化。

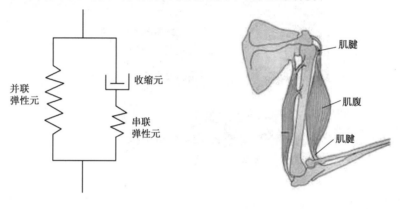

图2-4　肌肉三元素模型　　　　　图2-5　骨骼肌模型的混合

三、骨骼肌的力学基础

(一)肌肉作用的一些基本术语

人体各环节绕关节的运动是来回转动,而不是像电风扇那样的转圈运动,人体的一块肌肉的缩短和被拉伸的次数是一样的。过去人们常说的肌肉收缩发力,其实这个"收缩"的并不一定是"缩短"的意思,肌肉发力时肌肉不一定"缩短"。有的文献中采用了"肌肉作用"一词来代替"肌肉收缩",两者在文献中是通用的。肌肉产生力时,根据肌肉长度的改变不同,分为以下几种:

1.向心作用

肌肉产生力时肌肉的起止点互相靠近,肌肉的长度缩短,这时肌肉力大于外部阻力,习惯上把向心作用时肌肉缩短的速度作为正速度。

2.等长作用

当肌肉力与阻力相等时,肌肉长度不变,也不引起关节的运动,称为等长作用或静力收缩。如半蹲位时股四头肌收缩,此时肌张力恒定。在对抗固定物体而发生等长作用时,肌肉的张力视主观用力程度而定。

3. 离心作用

当肌肉力低于阻力时,原先缩短的肌肉被动延长,称为离心作用或延长收缩,如下楼梯时股四头肌的延长和收缩。现已知过多离心收缩可以造成肌肉酸痛。

在日常生活中,肌肉的以上几种作用方式常结合运用,均可用于肌力训练。

(二)肌肉张力-长度的关系

1. 肌纤维的力-长度关系

肌肉收缩时产生的张力变化主要依赖肌小节内部结构的变化。由图 2-6 可以看出,肌肉收缩的长度与肌力的产生有着直接影响。当肌小节处于放松状态、长为 2 μm 左右时,张力最大;当肌小节长度达到 3.6 μm 以后,张力变为零,此时粗、细肌丝之间没有交叉重叠,从横桥理论上来说,没有横桥产生。根据这一研究结果认为,肌肉收缩力的大小主要取决于参与收缩的横桥数目,而收缩成分长度的变化影响着收缩时起作用的横桥数目。如图 2-6 所示表现出最大张力时的长度为肌肉的适宜初长度,约为肌肉平衡长度(肌肉零负荷时的长度)的 125%,此时粗丝和细丝处于最理想的重叠状态,起作用的横桥收缩数目达到最大,这时肌肉收缩能产生最大的张力。当肌小节的长度逐渐缩短,从 2.0 μm 到 1.65 μm 时,相邻肌动蛋白纤维丝相重叠,有效长度减小,横桥数目减小,肌小节产生的主动张力逐渐减小。

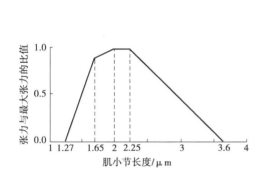

图 2-6　肌小节长度-张力关系曲线　　　　图 2-7　肌肉长度-张力关系曲线

2. 肌肉的力-长度关系

肌纤维具有主动收缩性,肌纤维及其周围的结缔组织还可被动承载,整块肌肉收缩时总张力应为主动张力和被动张力之和,如图 2-7 所示。图中的曲线 C 表示肌纤维收缩时长度变化-主动张力变化的关系;曲线 A 表示肌纤维被动承载时的长度变化-被动张力的变化关系;曲线 B 是曲线 C 与曲线 A 之和,表示总张力。从图中可知,肌原纤维的长度为 $1.7L_0$(L_0 为肌肉原长度)时,主动张力为零,此时粗丝与细丝之间完全无结合,被动张力最大;随着肌肉长度的缩短,粗丝与细丝之间的结合增多,主动张力逐渐变大,被动张力逐渐变小;到全部结合时,主动张力达到最大值 F_0(即曲线 C 的顶点),而被动张力则减小为零;此后,肌肉再缩短时,粗丝与细丝叠合后粗丝皱褶,张力逐渐减小,当长度等于$0.5L_0$时,张力为零。

(三)肌肉张力-速度的关系

肌肉收缩速度与收缩力之间存在着一定的关系。希尔用青蛙的缝匠肌为试件,进行了大量的实验研究。把青蛙的缝匠肌两端夹紧,保持长度L_0不变,用足够高的频率和电压去刺激,使它挛缩产生张力F_0。然后将它的一端放松,使其张力下降为F,在张力下降过程中测量张力F和收缩速度v,同时测定肌肉收缩时产生的热量和维持挛缩状态时需要的热量Q。肌肉收缩时消耗的能量E用于两部分:一部分是对外做机械功;另一部分是产生收缩热量,可以对此问题进行定量研究。

肌肉收缩时对外所做的机械功A,等于负荷P与收缩距离x的乘积,即

$$A = Px \tag{2-1}$$

另外,从实验发现,肌肉收缩时产生的收缩热量Q与肌肉收缩的距离成正比,即

$$Q = ax \tag{2-2}$$

式中,比例系数a表示肌肉收缩单位长度所产生的收缩热,具有力的量纲。对不同的肌肉,a的值都相同,它与负荷的大小无关,但和肌肉的横截面积成正比,且与温度相关。根据能量守恒定律,肌肉收缩时对外释放的能量应为

$$E = A + Q = (P + a)x \tag{2-3}$$

将上式对时间求导数,并考虑距离对时间的导数等于速度,即$\dfrac{\mathrm{d}x}{\mathrm{d}t} = v$,则有

$$\frac{\mathrm{d}E}{\mathrm{d}t} = (P + a)v \tag{2-4}$$

实验还得出,肌肉收缩时对外所消耗的能量E的时间变化率随负荷的减小而增大,且与肌肉能提起的最大负荷P_0和实际负荷P之差成正比,设其比例系数为b(b是具有速度的量纲),则

$$\frac{\mathrm{d}E}{\mathrm{d}t} = b(P_0 - P) \tag{2-5}$$

由式(2-4)和式(2-5)可得

$$(P + a)v = b(P_0 - P) \tag{2-6}$$

可将式(2-6)改写为

$$(P + a)(v + b) = (P_0 + a)b \tag{2-7}$$

希尔方程描述了骨骼肌肌肉收缩时的力-速度关系式,它指出肌肉收缩速度v随负荷P的增大而呈双曲线式地下降,即张力越大,缩短速度越小;反之亦然。

依据希尔方程,对肌肉3种不同收缩形式的力-速度建立坐标系,如图2-8所示。

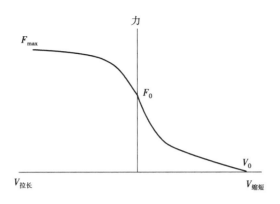

图 2-8　肌肉不同收缩形式的力-速度曲线

肌肉收缩的力-速度关系曲线特征,对指导肌肉力量训练负荷的安排有着重要的理论意义。肌肉力量发展的最基本原理就是负荷适应性,不同的力量训练负荷安排影响着肌肉力量特性的发展。肌肉收缩速度为零时,即曲线与纵轴的交点,为肌肉等长收缩力量,体现了肌肉的绝对力值。大强度的负荷训练安排,主要体现为力量的提高,曲线向左上方偏移;小强度负荷的快速训练,主要为速度力量优化,曲线向右上偏移;当肌肉的力量与速度都产生适应性提高,那么肌肉就会表现出做功能力的提高。肌肉力量训练的最终目标,应该是根据专项特点,使肌肉的力-速度曲线向最适宜的方向偏移,从而提高肌肉的工作能力。

肌肉离心收缩中,肌肉张力随着被拉伸速度的增加而增加,当达到一个临界速度时,力就变成一个不随速度变化的常力,其大小等于最适宜肌肉长度时的最大等长收缩力 F_0 的 1.5～2.0 倍。首先,肌肉强直状态下进行拉伸,在收缩成分内要完成粗、细肌丝耦合的分离所需的力,要比保持等长收缩张力更大;拉伸速度越快,意味着这种能耗越高。其次,肌肉的黏滞性受拉伸速度的影响,拉伸速度越快黏滞性越大。上述两个方面决定着肌肉强直收缩后进一步拉伸需要更大的力量。需要说明的是,在此所讨论的肌肉离心收缩,与肌肉在外力作用下的"主动"退让性工作(如下肢缓冲、投掷动作中的预拉伸等)还是有较大的差异。缓冲类动作中的肌肉离心,是在部分纤维反射性激活状态下的有控制的肌肉拉伸,是肌肉的主动退让;肌肉整体结构(串、并联成分)的承载、能量的吸收主要依靠肌肉的黏弹性。肌肉在强直状态下的拉伸运动过程中是很少见的,而且这种状态的拉伸表现为肌肉僵硬。运动中的肌肉僵硬是导致肌肉损伤发生的原因之一。

(四)肌肉功率(爆发力)-速度关系

1.肌肉功率的概念

功只能反映做功的多少,而不能反映做功能力的大小。人体运动能力的大小,运动成绩的高低,主要取决于人体运动过程中完成动作肌肉功率的大小,也就是说取决于肌肉的化学能转化为机械能的速度与效率。功率的定义为单位时间内做功的多少。但是,对于肌肉功率来说,肌肉收缩的功率为肌肉收缩力与收缩速度的乘积,即 $P=Fv$。由此可知,肌肉功率大小可依据肌肉的"力-速度"关系曲线计算。在曲线每一点上的功率等于该点至两坐标距离所围成的矩形面积(图2-9)。假设肌肉收缩力和收缩速度同时达到最大值,理论上这时肌肉功率应达到最大值,但实际上对于肌肉收缩来说是不可能的。根据希尔方程可知,功率最大值大约只有这种假想值的 1/6,即肌肉最大等长收缩力的 1/2 与最大收缩速度 1/3 的乘积。也就是说最大的动力性肌肉功率,只有在肌肉以最大肌力的50%工作时才能获得。一块肌肉在等长作用(这时 $v=0$)和用最大收缩速度作用(这时 $F=0$)时能发出的功率是0。力和速度在它们最大值的 1/3 ~ 1/4 时,功率有一个最大值。

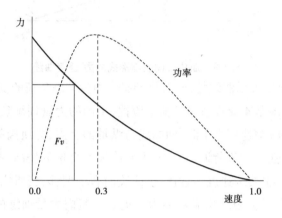

图2-9 肌肉收缩力、速度、功率关系

(引自《运动生物力学》,陆爱云,2011 年)

2. 肌肉收缩功率的专项适应性

从事不同专项的运动员,因先天因素以及项目训练的适应件不同,在肌肉功率方面也表现出明显的专项特征。如对短跑、中长跑和长跑运动员伸膝功率进行比较显示,短跑运动员的最大功率为100%,中距离选手为80%,长距离选手为70%[图2-10(a)]。由力-速度曲线可知,曲线由高到低的排列顺序为短跑、中长跑及长跑。如短跑选手与跳高选手比较,虽然最大功率相近,但其最大瞬时肌力和速度则有差异,短跑运动员以发挥速度占优势,而跳高运动员则以发挥力量占优势[图2-10(b)]。

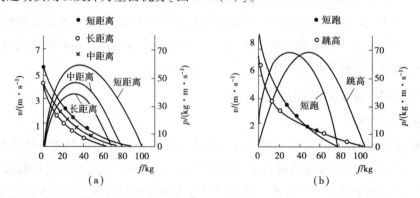

图2-10 伸膝功率的项目差异

(引自《运动生物力学》,赵焕彬等,2008 年)

肌肉训练的专项适应性特点从肌肉力学的角度来分析,主要是肌肉收缩的力-速度曲线向右向上偏移,但每一专项又各有其肌肉功率特征。为获得最适宜的专项肌肉功率特性,在运动训练安排中应从以下几个方面考虑:①动作的幅度与方向;②运动的有效幅度及重点区;③作用力(或肌力)的大小;④最大作用力的发挥速率(或称力的梯度);⑤肌肉工作形式等。如在田径运动训练中,采用牵拉橡皮筋以发展运动员摆腿的力量,这种练习无论是动作工作特征,还是动作重点区域,都不符合跑、跳项目的技术要求。

(五)持续时间-应力的关系(人体黏弹性材料的力学特征)

持续时间-应力的关系考虑的是生物和人体疲劳的特性,这里把疲劳定义为一块肌肉没有能力保持所需要的力的现象。肌肉疲劳会出现以下几种现象:

1.应力松弛

当物体突然发生应变时,若应变保持一定,则相应的应力将会随着时间的增加而下降。人体的肌肉、肌腱、关节软骨、韧带长时间不用(不进行健身锻炼),则弹力、抗拉伸能力均下降。人体材料长时间不使用则自身的力学性能会下降,即所谓的"用进废退"。生命在于运动,是体力劳动(运动锻炼)能强健筋骨的依据或原理之一。

2.蠕变

当物体突然产生应力时,若应力保持一定,则相应的应变会随着时间的增加而增大。人体的肌肉、肌腱、关节软骨、韧带长时间相对恒定地承受外力作用,材料自身的长度会被拉长。这是人体柔韧性可以改变,骨骼长期受恒定外力、负荷牵拉、扭压时,会沿受力方向产生形变的依据之一。

蠕变和应力松弛在本质上是相同的,可以把应力松弛看作应力不断降低的"多级"蠕变。当一块肌肉产生的应力大时,疲劳发生得快,但一块肌肉产生一个很小的力时,可以持续几乎无限长的时间。

3.滞后

加载和卸载的曲线不重合。原因是黏弹性材料的分子结构所决定的,适应外力调整其空间构象的速度缓慢。人体的肌肉、肌腱、关节软骨、韧带突然和剧烈的大力量用力,可能导致能够承受大负荷的人体黏弹性材料过度拉伸变形及损伤;长时间的中高强度或小负荷强度的外力作用,会导致人体黏弹性材料的不可逆转的形变,尤其是关节面的受力形状和骨骼的形变。如人体坐、立、走、跑等姿势不正确而长期得不到纠正所导致的人体脊柱、关节、骨骼的形变或人体软组织的慢性劳损。

慢肌纤维占优势的肌肉比快肌纤维占优势的肌肉能在更长的时间内保持一定的应力(图2-11)。慢肌纤维占优势肌肉的运动员比快肌纤维占优势肌肉的运动员,更适合从事需要较长时间肌肉用力而且用力水平比较低的运动项目。

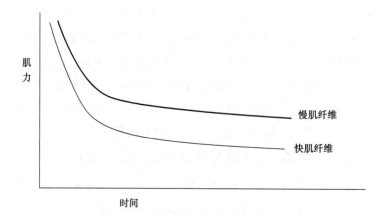

图 2-11　慢肌纤维和快肌纤维的持续时间-应力关系

（六）肌力速度变化梯度

肌肉发力需要一定的时间,在许多运动中往往要求运动员在极短的时间内发挥出最大的力,表现其运动能力。这种极短时间内肌肉发力的表现特征称为肌力速度变化梯度。数学表达式是力对时间的一阶导数 dF/dt（图 2-12）。

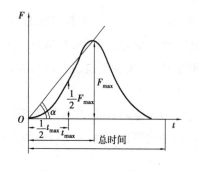

图 2-12　肌力速度曲线

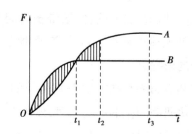

图 2-13　不同的力随时间的变化曲线

（引自《运动生物力学》,赵焕彬等,2008 年）

在量值上表征力的梯度,常用下列两个指标中的一个表示:

第一,达到 $\frac{1}{2}$ 最大力所需的时间（$\frac{1}{2}t_{max}$）,称为力的时间梯度。这种描述简单方便,但不够精确。

第二,力的最大值与所需时间的比值 $\frac{F_{max}}{t_{max}}$,这个指标称为力的速度梯度,它等于图 2-12 中角 α 的正切值。

力的增长速率在快速动作中比较有意义,如图 2-13 所示中说明了两名运动员的力随时间变化的曲线,由此可知力增长的实践意义。运动员 A 的最大力值大,但力的梯度小,而运动员 B 正好相反,力的梯度大,但力的最大力值小。如果持续时间足够长（$t > t_3$）,两名运动员都有充足的时间达到自己的最大力值,则最大力值大的运动员 A 占优势,若运动进行的时间很短($t < t_1$),则力的梯度大的运动员 B 占优势。

一般肌肉达到最大力值所需的时间($t_{F\max}$)为 300 ~ 400 ms。在许多运动中力的发挥时间要比此时间短得多。例如,优秀短跑运动员蹬地持续时间少于 100 ms,跳远运动员蹬地时间少于 180 ms,跳高运动员蹬地时间少于 250 ms,掷标枪运动员最后用力时间约为 150 ms 等。在这种情况下,运动员往往来不及发挥出最大力,因此运动员用力的效果很大程度上依赖于力的梯度。

(七)人体运动中肌肉的力学特性

1. 依赖激活现象

肌肉收缩是神经冲动刺激下的肌纤维"兴奋-收缩"耦联,肌纤维收缩输出肌力的过程。这一过程中,收缩成分的过渡时期与肌力的输出存在时间上的不同步现象,人们把肌肉在神经冲动刺激下的收缩成分的耦联时相称为肌肉激活状态(图2-14)。肌肉兴奋后能迅速地达到激活状态的高峰,但整块肌肉张力的发展过程要慢得多。依据肌肉结构力学模型的原理可知,这是由于肌肉进入激活状态后,收缩元兴奋产生的张力,首先被其串联的弹性成分的变形所吸收。当串联弹性元的变形及张力进一步发展,整块肌肉的张力达到一定的程度后,收缩元的主动张力才能直接对肌肉起止点施力,表现出肌肉收缩力输出。肌肉的预激活,对人体的快速启动力量、爆发性力量都有着积极的意义。处于激活状态的肌肉,在弹性成分中有一定的能量储备,可以使收缩元的主动张力在更短时间内直接向外部表现出来。例如,很多运动项目中都有一个反向动作即超越器械动作,该动作使主要原动肌被积极地预拉长,从而提高成绩。

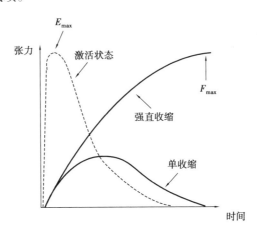

图2-14 肌肉激活与张力发展的关系示意图
(引自《运动生物力学》,陆爱云,2011 年)

另外,疼痛或受伤部位的肌肉不允许充分激活。如膝关节前面部位疼痛、韧带损伤、水肿等都会降低膝关节伸肌的激活水平,比正常时的最大随意收缩所能达到的激活水平低。

2. 肌肉的应力松弛与非代谢能的再利用

人体运动过程中，当被拉伸的肌肉出现应力松弛时肌肉的弹性力下降，导致肌肉收缩的力量降低。如纵跳练习，下蹲之后有停顿和无停顿的纵跳，两种情况下的起跳力量、弹跳高度有较大的差异。有停顿时的起跳力量、纵跳高度会下降，原因是有停顿时肌肉及肌肉中的弹性成分产生松弛，非代谢能量的利用较低。若停顿时间大于肌肉松弛出现的时间，则肌肉所产生的弹性势能会被完全耗散掉，后继动作就只能单纯依靠肌肉的收缩力来完成。人体运动中有效地利用肌肉的非代谢能，减少肌肉应力松弛所导致的能量耗散，以增大肌肉力，或提高动作效果的重要条件是：一方面是积极储备肌肉的非代谢能；另一方面是缩短肌肉拉伸与向心收缩的转换时间。肌肉的非代谢能储备与拉伸-收缩转换时间是肌肉的运动能力，是对系统的、科学的训练的适应。肌肉非代谢能的再利用能力的提高，需要进行针对性力量训练，如从肌肉超等长收缩训练而获得。

3. 肌肉的黏滞性

肌肉的黏滞性是肌肉收缩或被拉长对肌纤维之间、肌肉之间发生摩擦所致，它会使肌肉在收缩或被拉长时产生阻力而额外消耗一定的能量。肌肉的黏滞性也是影响肌肉力学特性的重要因素之一。肌肉黏滞性的大小与温度有关，温度低时，则黏滞性大；反之，则黏滞性小。在进行训练或比赛前，必须先做好充分的准备活动，增加体温，减小肌肉的黏滞性，提高肌肉收缩和放松的速度，从而避免肌肉拉伤，尤其在气温较低的季节这点显得更为重要。

骨的生物力学基础

人体共有 206 块骨，有支持躯体、保护体内重要器官、供肌肉附着、作运动杠杆等作用。部分骨骼还有造血、维持矿物质平衡的功能。骨骼作为支撑系统使生物体的结构更符合力学原理，并能根据力学的需要改变其性能和外形。例如，在持久运动后其承受最大应力的骨骼产生相应的改变，可见到骨皮质增厚，骨密度增加，甚至可以见到骨粗隆增大；长期不运动、废用或长期姿势的不良身体姿态会导致骨退化、萎缩或畸形。骨按形态的不同可分为长骨、短骨、扁骨和不规则骨。

(一)骨组织结构

骨骼是由骨密质和骨松质组成。骨密质较骨松质坚硬,抗压性和抗扭曲性很强,配布于骨表面,断裂前能承受较大的应力,但其能承受的应变较小。骨松质配布于中间,骨髓即充填于骨松质的网眼中。骨密质在体外承受的应变超过原长的 2% 时,骨密质断裂;而骨松质在应变超过 7% 时才断裂。

骨密质和骨松质均呈各向异性。骨在不同方向受载时能够显示出不同的力学性能即各向异性,骨小梁的排列显示两个基本方向:一是与重力方向一致,称为压力曲线;二是与肌肉的拉力方向一致,称为张力曲线。如图 2-15 所示,骨在不同方向拉伸时,在纵轴方向上加载时骨的刚度和强度最大,而在横轴方向最小。

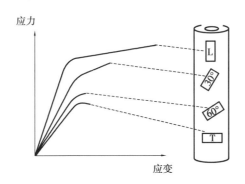

图 2-15　骨在不同方向拉伸时的应力-应变曲线

(引自《运动生物力学》,陆爱云,2011 年)

由于骨的结构在横向和纵向各不相同,因此,骨的强度也随着所加的载荷的不同方向而异。例如,在生活中,由于劳动、训练、疾病等各种因素的影响,表现出很大的可塑性,如芭蕾舞演员的足跖骨骨干增粗,骨密质变厚;卡车司机的掌骨和指骨骨干增粗;长期卧床的患者,其下肢骨小梁压力曲线系统变得不明显等。

(二)骨骼的受力形式

人体的骨骼受不同方式的力或力矩作用时会有不同的力学反映,骨骼的变形、破坏和骨的受力方式有关。人体骨骼的受力形式多种多样,可根据外力和外力矩的方向,分为拉伸、压缩、弯曲、剪切、扭转及复合载荷 6 种。

1.拉伸载荷

拉伸载荷是指自骨表面向外施加大小相等、方向相反的载荷。如人体进行悬垂动作时骨受到的载荷。骨骼在较大的载荷作用下可伸长并变细,载荷增加到一定程度时可发生骨断裂。由拉伸载荷引起的骨断裂多发生于骨松质或肌腱附着点,骨断裂的机制主要是骨单位间结合线的分离和骨单位的脱离,例如,腓骨短肌止点附着于第五跖骨基底的撕脱骨折和跟腱止点的跟骨骨折。

2. 压缩载荷

压缩载荷是指施加于骨表面大小相等、方向相反的载荷,如举重。骨骼经常承受的是压缩载荷,压缩载荷能够刺激骨的增长,促进骨折的愈合,较大的压缩载荷可使骨缩短并变粗。在压缩载荷的作用下,骨组织破坏的表现主要是骨组织的斜行劈裂。由压缩载荷产生的骨折常见于脊椎,如不能控制的大幅度坠落伤所致的胸椎或腰椎体压缩骨折。

3. 弯曲载荷

弯曲载荷是指骨骼受到使其轴线发生弯曲的载荷作用。骨在弯曲载荷下,拉应力和拉应变作用在中性轴的一侧,即中性对称轴的凸侧受拉伸载荷的作用;而压应力和压应变作用在中性轴的另一侧,即中性对称轴的凹侧受压缩载荷的作用;中性对称轴上没有应力和应变。骨骼上承受的应力值大小与到中性轴的距离成正比,距中性轴越远,应力值就越高,应力值是非对称的,拉应力和压应力并不相等。对于成人骨来说,骨破裂开始于拉伸侧,因为成年人骨骼的抗拉能力弱于抗压能力;对于未成年人骨来说,骨破裂开始于压缩侧,因为未成年人骨骼的抗压能力弱于抗拉能力。

弯曲有两种类型:由3个力引起的弯曲(三点弯曲)和由4个力引起的弯曲(四点弯曲)(图2-16)。这两种弯曲引起的骨折较为常见。典型的三点弯曲骨折是滑雪时发生的靴口骨折,滑雪者向前跌倒,障碍物抵住滑雪靴的项部,此时一个力矩施加于胫骨上部,而固定的足和雪橇则产生一个相等的力矩。当胫骨上部向前弯曲时,拉应力和拉应变作用于骨的后侧,压应力和压应变作用于骨的前侧。因成熟骨的拉伸强度低于压缩,故骨折从拉伸一侧开始。不成熟的(如未成年人的)骨将在压缩下先受损,在压缩一侧形成屈曲骨折。两个大小相等、方向相反的平等力作用在骨上时即称为力偶。当两个力偶作用在骨上产生两个相等力矩时,发生四点弯曲。在两个力偶之间的整个区域内,弯曲力矩相等,结构将在最弱的点发生损坏。四点弯曲骨折的例子:股骨骨折患者在功能恢复期时,因膝关节强直做了不适当的手法治疗,此时膝后关节囊和胫骨形成一个力偶,股骨头和髋关节囊形成另一个力偶。在弯曲力矩作用股骨上时,在最弱点即原先骨折位置再次发生骨折。

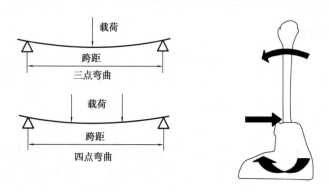

图2-16 弯曲加载形式

4.剪切载荷

剪切是指载荷施加方向与骨骼横截面平行。人骨骼所能承受的剪切载荷远远低于拉伸载荷和压缩载荷。剪切骨折常见于骨松质,如股骨髁和胫骨平台骨折。

5.扭转载荷

扭转是指载荷(扭转力矩作用)加于骨骼并使其沿轴线产生扭曲时的扭转状态。常见于人体或局部肢体做旋转时,骨骼所承受的绕纵轴的两个反向力矩作用,如掷铁饼最后阶段腿部所承受的载荷。扭转载荷使骨骼横截面上每一点均承受切应力作用,切应力的大小与该点到中性轴的距离成正比,距中性轴越远切应力越大。骨骼的抗扭转能力最小,过大的扭转载荷很容易造成扭转性骨折。典型的扭转骨折为在进行投掷运动时所发生的肱骨骨折,此时的骨折线呈螺旋形。

6.复合载荷

实际上骨骼很少出现单一形式的载荷作用,作用在骨骼上的载荷往往是上述的两种或两种以上载荷的同时作用,即复合载荷的作用。骨在体内的所加载荷之所以是复合的,其主要原因是骨的几何结构是不规则的,并且骨经常受到多个不确定的载荷。例如,人体在走路和慢跑时对成熟胫骨的前内侧面作体内应变测量,可以证明在日常生理活动下载荷的复合性。Carter 从这些应变测量中计算出了应力值:正常走路时,足跟着地时为压应力,支撑阶段(站立相)为拉应力,而足离地时又为压应力。步态周期的后部分出现较高的剪应力,说明存在明显的扭转载荷,这种扭转载荷表明在支撑时相和足趾离地时相胫骨有外旋。慢跑时的应力方式完全不同,足趾着地时主要是压应力,在离地时转为高拉应力,而剪应力在整个支撑期间均较小,表明扭转载荷很小。这种扭转载荷说明在改变步态中,胫骨有外旋和内旋。

(三)骨疲劳的力学性能

人体在不断运动过程中,骨骼会反复受力,当这种反复作用的力超过人的某一生理限度时,就可能会使骨组织受到损伤,这种循环载荷下造成的骨损伤称为骨的疲劳损伤(疲劳性骨折),又称行军骨折或应力性骨折。多因骨骼系统长期受到非生理性应力所致,好发于胫骨、距骨和桡骨,临床上无典型的外伤史,早期 X 线平片通常为阴性,容易漏诊或误诊(图 2-17)。

如果载荷保持在某一水平以下,理论上来说不管载荷反复多少次,材料都会保持其完整件。这是因为活体骨骼具有自行修复能力,虽然每次骨疲劳会产生细小的裂纹,这都在骨的自我修复范围内,不会导致骨折。但骨的自行修复能力是有限的,如在修复过程中继续受外力作用,可使修复障碍,骨吸

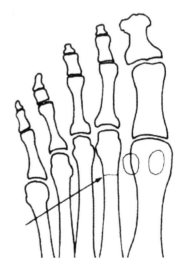

图 2-17　疲劳性骨折

收增加,反复这一过程,终因骨吸收大于骨修复而导致完全性骨折。

疲劳性骨折易发生在骨骼应力集中的部位,是常见训练伤之一,在部队训练中发病率较高,国内报道为16.9%,国外报道为31%。这与超强度训练或姿势不当有关,多发生于频繁的长跑、越野训练或单一课目的超负荷训练中。此外,也常见于足部承重较多的运动员,如篮球、足球、网球、田径、体操运动员和芭蕾舞演员,也可见于经常坚持大运动量锻炼的中老年人。

(四)肌肉活动对骨应力分布的影响

骨在体内受到载荷作用时,止于骨上的肌肉收缩可以改变骨的应力分布。这种肌肉收缩所产生的压应力,可以减少或消除骨上承受的拉应力,可全部或部分抵消拉应力。这种肌肉收缩的效应可以从承受三点弯曲的胫骨来说明。滑雪者向前跌倒时,胫骨受到一弯曲力矩。胫骨后侧受到高拉应力,前侧受到高压应力。而小腿三头肌收缩,使后侧产生一个高压应力,抵消一部分高拉应力,从而使胫骨免于发生拉伸骨折。但是这种肌肉收缩将在胫骨前面形成更高的压应力。通常成熟骨能够承受这种应力,但是不成熟骨较弱,可能会出现压缩性骨折。肌肉收缩在髋关节上产生相似的效应,走路时,弯曲力矩施加在股骨颈上,拉应力发生在上部骨密质上。臀部肌肉收缩产生的压应力抵消拉应力,导致骨密质上部既无压应力又无拉应力,肌肉收缩可以使股骨颈能承受更高的负荷。

(五)年龄、运动与骨退化

随着年龄的增加,骨密度会降低引起骨骼退化,常见的有以下4种:

1.骨质疏松

多见于45岁以后,特别是绝经后的妇女,受荷尔蒙影响,骨的密度降低速率更快,女性患者比例较男性患者比例高。随着年龄增长后运动量不足、钙质摄取不够,也是造成骨质疏松的原因之一。

2.骨刺

骨刺是一种自然的老化现象,当人步入老年后,80%的患者都会患有各种不同程度的骨刺,出现了骨刺也不用担心,有的会被身体自然吸收,有的经过一些保守的治疗可以很好地治愈。骨刺本身并不会引起疼痛,真正的元凶是软骨退变。当软骨退变老化时,软骨变薄变脆,失去弹性,甚至剥离脱落,裸露的骨面很容易受到力的冲击而损伤,骨内的神经末梢感受到应力和关节液里炎性物质的刺激而产生疼痛。软骨退变得越厉害疼痛就越剧烈。避免长期剧烈的运动、适当的体育锻炼是预防骨刺的方法之一。

3.坐骨神经痛

由于脊椎老化,周围增生组织压迫到神经,或椎间盘突出,造成神经狭窄症,患者常常没走几步路,就会因小腿的麻木与胀痛,需要坐下来休息。

4.脊椎狭窄症

脊椎狭窄症是指腰椎退化诱发骨刺、黄韧带肥厚,使腰椎椎体结构改变,造成椎间局部、神经根管腔等神经管道受到压迫。

众所周知,很多意外、伤害,甚至疾病,最开始的根源是跌倒。但是很多老年人爱面子,认为自己还能走,外出坚持不拿拐杖。这时应柔性劝导老人抛下面子,避免跌倒,即可降低意外的发生概率。居家环境中也可增加扶手、防滑垫等辅助设备,以免不小心摔倒,造成髋骨骨折等风险,这是每个家庭必须面对的重要课题。

第三节 关节的生物力学基础

关节是骨骼系统中相邻骨之间的功能性连接。在滑液关节或自由活动的关节中,关节的骨端、朝向关节腔有一层 1~5 mm 厚的致密白色结缔组织即关节软骨,或为透明软骨,或为纤维软骨。

一、关节软骨的力学性能

1. 关节软骨的解剖学结构及组成

关节软骨朝向关节腔的面甚为光滑,便于骨与骨之间的运动。软骨本身具有弹性,能缓冲相连骨之间在走、跳及其他运动时的震动和冲击。此外,软骨的弹性及其变形能力,对增加关节活动性也有影响。运动训练可以使关节软骨的厚度增加。通过训练可加强软骨的可压缩性,以保证关节软骨面在不适应情况下有较大的代偿作用。关节软骨接触面积可以增加,当受到应力时,单位面积受到的力量就能降低。在生理上,关节软骨既无神经又无血管,它的营养主要由滑液和关节囊滑膜层周围的毛细血管供应。在胶原纤维之间,分布着软骨细胞,软骨细胞由浅层向深层逐渐由扁平样至椭圆或圆形的细胞构成,这些软骨细胞维持关节软骨的正常代谢。

2. 关节软骨的力学功能

（1）承受力学负荷

人一生的社会活动都离不开关节软骨的正常功能。关节软骨能将应力均匀分布,使承重面扩大。关节软骨不但能最大限度地承受力学负荷,还能保护关节软骨不易损伤。

（2）润滑作用

关节软骨表面非常光滑,关节运动时不易磨损,并且活动灵活、自如。与人工润滑结构相比较,其摩擦系数非常小（表2-1）。关节软骨能维持人一生的活动而不损伤,就是因为有良好的润滑作用。

人在工作之前先活动一下关节,使关节充分润滑,能增加关节的灵活性,防止关节软骨损伤。在关节滑膜有病变时,如类风湿性关节炎等,滑液分泌异常,失去正常的润滑作用,影响关节功能及关节软骨的营养。

表 2-1　人体关节和人工润滑结构的摩擦系数

人体关节(人工润滑结构)	摩擦系数	测定条件
膝关节	0.014 ~ 0.024	固定身体
膝关节	0.006 ~ 0.01	固定小腿
右手中指关节	0.005 5	无肌肉被动张力
右手中指关节	0.010 4	
正常关节综合	0.003 ~ 0.024	
关节炎	0.01 ~ 0.09	
油润滑的钢轴承	0.21	
滑液润滑的人工关节	0.06	
水润滑的滑冰刀对冰	0.03	

资料来源:引自《运动生物力学》,赵焕彬等,2008 年。

（3）力的吸收

人从事很多剧烈活动而不损伤关节,原因之一就是关节软骨有力的吸收作用。关节软骨不但光滑,还有弹性,能够最大限度地吸收、缓冲应力作用。关节软骨损伤后力的吸收作用降低,关节损伤、退变则会进行性加重。

3. 关节软骨的渗透性及对受力时间的反应特性

渗透性是物质的一种参数,它表示液体流过多孔物质的固体基质时受到的摩擦阻力。渗透性越低,承受负荷时液体流动的阻力越大。健康软骨的渗透性很小。随着压力和变形的增加,健康关节软骨的渗透性大大降低。关节软骨具有一个机械反馈调节机制,阻止组织间液完全流出。在病理状态下,如骨关节炎,关节软骨的渗透性大于正常组织,出现关节积水、疼痛等有关症状。

关节软骨和关节液对外部负荷作用的快慢非常敏感,关节软骨的形变与外力的作用速度相关,同时关节软骨与关节液的流出有关。例如,关节软骨受到挤压的速度越快,关节液流出的阻力也越大,关节液越不容易流出;而速度越慢,关节液越容易流出。测试结果表明,当作用时间大于 0.01 s 时,关节液表现出润滑液的机制,使关节灵活地运动;当外力作用时间为 0.01 s 左右时,关节液同时具有流动性和弹性,像橡皮垫一样缓冲关节面之间的直接碰撞;当外力作用时间很短,达到 0.001 s 时,关节液不再表现为液体或弹性体,反而会呈现出坚硬"固体"的特点,对碰撞不再起缓冲作用。如打球时手指被戳伤,往往是这样造成的。

4.关节的润滑机制

人体关节虽然经常在大负荷下运动,但关节运动时并不费力,几乎没有摩擦。正常关节的摩擦系数要远远小于金属制品的摩擦系数,关节只有在病理情况下才出现磨损。研究关节的润滑机制意义重大,关节的润滑机制目前尚无普遍接受的统一理论。在一定情况下,根据关节负荷或运动的需要,认为由下列一种或多种机制起作用,类似于骨的功能适应性原理,在定义润滑机制时,出发点是关节采用最适合的机制应对面临的运动和载荷。从工程学观点看,有两种基本的润滑机制:

（1）界面润滑

界面润滑依靠单层润滑剂(关节液)分子化学吸附到接触的固体面上。做相对运动时,关节面受到相互滑动的关节液分子的保护,防止因表面粗糙发生的黏合和磨损。在小负荷、低速的相对运动时,关节液可以作为关节软骨的界面润滑剂,而润滑的能力与滑液的黏度无关。在大负荷下,关节液化学吸附到关节面上是十分重要的。

（2）液膜润滑

当负荷较大、相对速度较高时,关节可能会在第二种润滑机制即液膜润滑的形式下工作。在液膜润滑中,一层较厚的润滑剂(与界面润滑中关节液的分子大小相比而言)即关节液使两个关节面有较大的间隙。这层关节液内的压力可支持关节面上较大的负荷,但这种润滑作用不可能长期支持高负荷,最后液膜变得很薄,两个关节面的凹凸不平之处将互相接触。这个润滑机制可以在很短的时间内承受很高的负荷。由于关节软骨的多孔、充满液体和可渗透的特殊性结构,当关节旋转,负荷区越过关节面时,液体会从关节软骨的负荷接触区前下方渗出。一旦峰区应力值通过某一点后,液体开始被重新吸收,为下一个运动周期做好准备。挤出的关节液量可能不多,但 $10\,\mu m$ 厚的液膜已经能够很好地润滑关节面。通过软骨液体的这种强制性循环,有助于软骨细胞的营养,可将营养物质通过关节腔内的关节液带入细胞。

二、关节的力学性能

1.关节静力学

分析关节在静止状态下的受力情况,采用环节静力分析法,即根据杠杆平衡原理估算关节受力大小和关节肌力矩。分析关节运动和受力情况时,不能忽略关节自身的结构、关节周围的肌肉和韧带的作用。很多情况下,主要肌群的肌力对关节的反作用力的影响远远大于重力对地面所产生的反作用力的影响。

例如,单脚站立时,重力线与负重肢的负重线落在膝关节上的一个接触点上,膝关节外侧力与重力平衡,关节重力为两者合力的结果。此时膝关节承受的压力约为体重的 2 倍。行走时膝关节承受的压力为体重的 3～4 倍,膝关节承受力的峰值在屈膝20°,膝关节主要承受力在0°～40°。

正常伸膝[图2-18(b)]条件下,胫骨内外侧髁受力基本是相同的,当膝内外翻畸形时,受力完全不同。膝内翻[图2-18(c)]时,内侧受力明显增加,膝关节向外侧移位,承重力线内移,压迫内侧胫骨平台软骨,使软骨慢性损伤,并使外侧副韧带上的应力逐渐增加,膝轴倾斜,常伴有小腿和足内旋。膝外翻[图2-18(a)]时,膝关节向内侧移位,承重力线外移,压迫外侧胫骨平台软骨,持续超负荷会导致软骨损坏,同时内侧副韧带上的应力逐渐增加,严重者会造成髌骨向外移位,伸膝时牵拉股四头肌。膝轴、小腿和足也会发生相应的变化。

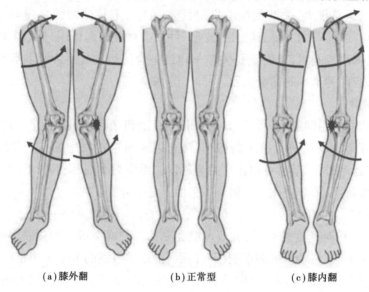

(a)膝外翻 　　　　　　(b)正常型 　　　　　　(c)膝内翻

图2-18　膝不同情况下受力情况

2.关节动力学

关节动力学包括两个方面的内容:一是组成关节的各部分在外力作用下的运动特征,主要是关节软骨、关节液和韧带部分;二是作为一个结构整体的关节动力学。其研究方法和关节静力学类似,但还需要考虑人体运动的惯性参数。常用的思路是根据测定的肢体末端的外力和运动学数据,计算关节的反作用力和肌肉力矩。

例如,行走时,股骨头受力受步行加速度的影响。正常情况下,在步行的支撑期足跟着地时,股骨头受力约为体重的5.8倍。在跑跳时,股骨头的承重可达体重的10倍或更多。行走时,股骨头上可产生两个力的峰值:男性行走时的一个峰值是足跟着地时,达体重的4倍;足尖离地前出现第二个峰值,可达体重的7倍。女性行走时力的模式基本相等,但大小略低。假如行走时使用手杖,应使用疼痛或做了手术后的髋部对侧的手,这样减少了疼痛关节股骨头上的力。

3.过当的运动对关节组织、结构性能的影响

典型的网球肘也称为肘外侧疼痛综合征。肱骨外上髁为前臂伸肌群附着处,浅层肌肉从外到内有桡侧伸腕长肌和短肌、伸指总肌、小指固有伸肌及尺侧腕伸肌,这些肌肉具有伸腕、伸指的作用,它们协同肱三头肌有伸肘功能;深层的旋后肌可使前臂旋后。经常做屈伸腕及前臂旋转动作,可引起肱骨外上髁及其周围组织(即肌肉及韧带附着部位)拉伤。网球运动员练习反拍、下旋击球,球的冲击力作用于腕伸肌,使该肌于肱骨外上髁附着部位受到反复牵拉,使该部位发生损伤。乒乓球、羽毛球等的正手扣杀及反拍击球,排球运动的错误扣球(屈肘扣球,并且前臂急剧旋前),击剑刺杀时前臂猛烈旋转等,都可使前臂伸肌附着部

位不断受到牵拉而受伤。

膝内侧副韧带损伤。膝关节无论是伸直位还是屈曲位，暴力强迫小腿外展，使膝关节突然外翻，都可引起膝内侧副韧带损伤。膝关节在130°～150°半屈曲位，小腿突然外展、外旋，或足与小腿固定，大腿剧烈内收、内旋，更容易引起膝内侧副韧带损伤；膝关节微屈时，暴力直接作用于膝关节外侧，也可引起膝内侧副韧带损伤。在严重创伤时，内侧副韧带、十字韧带和半月板可同时发生损伤。它多见于篮球、排球、足球、跳高、跳远、体操等运动项目。如篮球运动员在半蹲位急速运球而滑倒，足球运动员带球过人时与他人对脚，足球运动的"两人对足"，守门员向一侧倒地扑球等。

膝关节半月板损伤。半月板在膝伸直时向前移动，屈曲时向后移动，旋转时一个向前一个向后。在足部固定，膝关节在半屈曲位突然内收、外展，同时做旋转活动，半月板被卡在股骨髁和胫骨平台之间，忽然伸直和旋转可造成半月板破裂。内侧半月板破裂多发生在膝半屈曲和小腿外旋位，半月板向后和膝中央移位，大腿下端因外力猛然内旋伸膝，造成的牵拉力和股骨髁的挤压力，可将移位的半月板边缘撕裂或挤压破裂；若膝关节在半屈曲和内收位时，大腿下端突然外旋伸膝，则外侧半月板可发生破裂。此外，突然猛烈屈膝或伸膝时，也可使半月板撕裂。如足球运动员猛力踢球而漏脚时，由于胫骨的夹挤，半月板前角可能会撕裂。少数没有急性损伤史的运动员，可能是过多的磨损或多次微细损伤导致。

本章小结 —— 生命在于运动。人体运动的特点是在人的意识控制下，一方面遵循力学的普遍规律；另一方面也具有特殊的复杂性。人体运动是以骨骼为杠杆、以关节为枢纽、以肌肉收缩力为动力的运动系统。本章主要从人体材料的力学结构、功能及运动对这些器官的影响介绍肌肉、骨、关节的生物力学特性。

回顾与思考 —— 1.简述肌肉张力-长度的关系、肌肉张力-速度的关系、肌肉功率-速度的关系。

2.举例说明持续时间-应力的关系。

3.简述运动对肌肉结构的影响。

4.举例说明骨骼的受力形式。

5.简述运动和年龄对骨的影响。

6.简述关节软骨的力学功能。

7.简述关节软骨的润滑机制。

案例分析

读图时代:姚明脚伤图解　双脚伤痕累累

《解放日报》　严子健

　　火箭队北京时间昨天凌晨在发给媒体的新闻邮件中宣布,姚明在美国当地时间16日上午的一次核磁共振检查中,被发现左脚踝再次出现应力性骨折,这次骨折与之前的舟骨和跗骨骨折都有关系,姚明何时能够重返赛场没有时间表。

　　姚明本人在接受采访时表示:"医生告诉我现在还没有具体的治疗方案,"姚明还说,"我只能抱着最好的期待,作最糟糕的心理准备。"不过,姚明仍希望能够重回球场。

　　《休斯敦纪事报》长期跟踪采访火箭队的资深记者乔纳森很快发出一篇报道说:"火箭中锋姚明的复出之旅受到了一次毁灭性打击,这次骨折出现的部位和之前的不同,是又一次重大伤病。在姚明11月10日所接受的核磁共振检查中,并没有查出有这样的问题。"

　　火箭队老板莱斯利·亚历山大在接受当地一家电视台采访时表示:"我在听到这个消息之后的第一反应,就像肚子上被人打了一拳那样。这也是火箭队历史上非常令人失望的一刻,我真的很为姚明感到难过。"

　　曾经为姚明写过自传的ESPN专栏记者里克·布彻的报道说,在检查出左脚踝的又一处骨裂后,姚明和火箭队将会坐下来好好讨论一下他的未来了。虽然自己的职业生涯再度蒙上阴影,但姚明幽默乐观的本性并没有就此失去。"我还没死呢",姚明说,"现在,我正在喝着啤酒,吃着炸鸡,你想看到什么呢? 一个葬礼吗?"布彻的报道还表示,其实姚明也承认自己在知道这个消息的那一刻还是很惊讶的,因为他根本没有感觉到自己的左脚或者脚踝有任何疼痛。报道还引用了姚明的话说:"医生对我说他不能保证这次手术能从根本上解决问题,我也从来没有期望能够重回巅峰",姚明还说,"我这个人总是会做好发生最糟糕状况的准备。"据悉,在接下来的几天里,火箭队将为姚明作一系列的检查,并商讨下一步的方案,他们最快会在美国当地时间下周一作出一个决定。

　　休斯敦著名医学专家肯尼斯·弗斯特在接受休斯敦610电台采访时表示,如果火箭队对姚明采用保守治疗方案,姚明的复出计划将会变得遥遥无期;如果姚明再次选择接受手术,他本赛季肯定不会再上场了,而且其职业生涯很可能就此结束。

　　本赛季也是姚明与休斯敦火箭队合同的最后一年,他的薪水为1 770万美元。

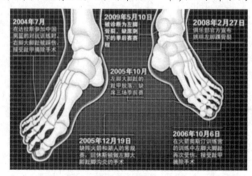

图2-19　姚明发生应力性骨折图解

陈忠和:赵蕊蕊骨折很罕见 去雅典只为升国旗

《时代商报》

昨天下午,刚刚结束日本之行回到北京的中国女排出现在国家体育训练总局的大院内。连日来的舟车劳顿和高密度比赛使姑娘们看上去有些面色憔悴。不过,主帅陈忠和倒是一脸轻松的表情。当得知记者是专程从沈阳赶到北京探营女排奥运备战时,陈忠和破例在排球馆内接受了记者的独家专访。

"蕊蕊的骨折很罕见"

昨天回到北京的首日训练中,记者在训练馆内只看到了 12 名女排姑娘,赵蕊蕊则一个人留在漳州养伤。"我知道大家目前最关心的就是蕊蕊的伤势,像她这种骨折情况在以前还真不多见。"陈忠和告诉记者,赵蕊蕊的骨折在医学上被称为疲劳性骨折,在女排以及其他运动队中,这样的骨折是很罕见的。"蕊蕊受伤已有一个月的时间了,她一直在福建接受住院治疗,经过这段时间的观察和恢复,她的情况好多了。大约一周后,她就会回到北京。以她目前的状态来看很难立即出现在训练场上。"陈忠和保守估计,蕊蕊回京后的三四周时间应该恢复得相当不错,外界担心赵蕊蕊因伤缺阵雅典奥运会是完全没有必要的。

"比赛决不能掉以轻心"

陈忠和表示,虽然在日本进行的五场热身赛中取得了不错的战绩,但是比赛的过程并不能让他感到满意。陈忠和认为,目前队伍的整体情况并不理想,而这次回到北京的主要目的就是调整状态,让队员得到一个全方位的恢复,为下一阶段的训练和比赛做好准备。早在中国女排经过十几年卧薪尝胆把久违的世界冠军奖杯揽入怀中之时,主帅陈忠和便直言,中国队与对手之间的差距并不大,包括这次与日本队交手中国队赢得也并不是很轻松。我们在专心备战的同时,还不能忽视对手的情况,稍有懈怠就可能铸成大错。

"去雅典只为升国旗奏国歌"

随着雅典奥运会开赛的时间一天天迫近,各支有望夺冠的运动队也都进入全封闭状态。陈忠和率领的女排自然早早被列入夺金行列。"我们的目标一直没变,那就是在奥运赛场上升国旗奏国歌,我想这不光是全国人民对我们女排寄予的厚望,也是我们自己必须去完成的一项使命。"陈忠和最后向记者透露,中国女排将在北京集训一个月后前往哈尔滨和天津参加国际女排邀请赛,为梦圆雅典进行最后的冲刺。

第三章
人体运动的生物力学参数

【学习任务】

通过本章的学习，掌握人体运动的简化模型、人体运动的惯性参数、人体运动的转动惯量、人体运动的运动学参数、人体运动的动力学参数、运动生物力学原理对运动状态改变的规律基础。

【学习目标】

1.知道人体运动的简化模型。

2.知道人体运动的惯性参数，掌握人体运动的转动惯量。

3.掌握人体运动的运动学及动力学参数。

4.理解并能熟练运用运动生物力学原理对运动状态改变的规律进行解释。

人体运动的生物力学参数包括人体运动的惯性参数、运动学参数、动力学参数和生物学参数。人体生物力学参数是建立人体模型、进行人体运动技术影像解析的基础数据，其准确程度直接影响着影像解析结果的精确度。对人体生物力学参数的测量研究一直是运动生物力学学科中的一个重大的研究课题，一直备受人们关注，同时也是人体工效学、人类学及其他学科研究的重要组成部分，具有重要的学术价值和应用背景。

第一节　人体运动的简化模型

人体是一个非常复杂的生物体系统，人体运动是在神经系统控制下的十分复杂的运动。人体从外形上可分为头、颈、躯干、上肢、下肢等部分，上肢又分上臂、前臂和手；下肢又分为大腿、小腿和足。人体在运动过程中，人体的局部环节必须在神经系统的控制下协调、有序地进行运动。要研究人体的运动，必须先对人体进行必要的简化和抽象，从而建立人体在运动中能够表达其力学本质的人体模型。

一、质点

质点是具有质量但不存在体积或形状的点，是物理学的一个理想化模型。当物体的大小和形状不起作用，这个物体各个部分的运动情况相同，它任何一点的运动都可以代表整个物体的运动，或所起的作用不显著而可以忽略不计时，可以近似地把该物体看作一个只具有质量，而体积和形状可以忽略不计的理想物体，用来代替物体的有质量的点称为质点。人体是有一定质量、一定大小和形状的生命体，如果不涉及人体的转动和形变，只研究人体平动部分，就可以忽略人体的形状、大小和内部结构，把人体简化为质点。例如，研究跳板跳水重心的轨迹时，可以忽略人体的形变与上下肢的转动状况，把人体简化为质点（图3-1）。

图3-1　跳板跳水中人体重心的运动轨迹

二、刚体与多刚体

刚体是指在运动时或受力作用后,形状和大小不变,并且内部各点的相对位置不变的物体。任何物体在受力作用后,都或多或少地变形,绝对刚体实际上是不存在的,它只是一种理想模型。如果变形的程度相对于物体本身几何尺寸来说极微小,那么在研究物体运动时变形就可以忽略不计。

研究人体的转动时,不能忽略人体的大小和形状而将人体抽象为质点。如果仅仅研究人体整体运动,可以忽略其形状的变化,这时把人体抽象为刚体。把物体简化为刚体具备以下特点:刚体上任意两点的连线在平动中是平行且相等的;刚体上任意一点的位置矢量不同,相差一恒矢量,但各点的位移、速度和加速度是相同的。常用"刚体的质心"来研究刚体的平动。

一般力学研究的对象是由两个或两个以上刚体通过铰链等约束互相联系在一起而构成的力学系统。人体在某种意义上也可以简化为一个多刚体系统。刚体具有 6 个自由度,即 3 个平动自由度和 3 个转动自由度。

三、几种人体参数的简化模型

建立人体惯性参数模型,可以利用数学化、计算机化研究人体运动的规律,促进体育科学研究水平的提高。不同国家人体的刚体模型因人体惯性参数不同而不同。

1. 松井秀治模型

日本松井秀治在 1958 年的研究成果中,用人体形态测量计算及 X 射线摄影等方法,利用组织密度参数,分别计算男、女两种环节的参数。

2. 汉纳范模型

1964 年美国学者汉纳范提出的,由头、上下躯干、左右上臂、左右前臂、左右手、左右大腿、左右小腿、左右足 15 个环节,通过球铰连接的人体模型,称为汉纳范人体模型。

3. 昌特勒模型

昌特勒模型是指由美国宇宙医学研究实验室和美国空军等单位共同完成的,美国国家技术情报服务处于 1975 年公布,根据体重计算环节质量和转动惯量的一元回归方程。此模型主要作者是昌特勒。

4. 扎齐奥尔斯基模型

苏联人扎齐奥尔斯基和谢鲁杨诺夫 1978 年用 γ 射线扫描法,将人体分为头、上中下躯干、左右大腿、左右小腿、左右足、左右上臂、左右前臂、左右手 16 个环节,对 100 名青年学生进行测试,根据体重和身高预测人体各环节的质量及转动惯量的二元回归方程。

5. 布拉温·菲舍尔模型

1889 年德国学者布拉温和菲舍尔根据解剖了 3 具尸体获得的数据,得出了身体各环节的相对质量数据和环节重心位置系数结果。

6. 中国人参数模型

清华大学郑秀瑗等人采用 CT 法首次获得了中国正常人体的惯性参数,填补了中国的一项空白。模型由头、颈、上下躯干、左右上臂、左右前臂、左右手、左右大腿、左右小腿、左右足 16 个环节组成,各环节尺寸与 1988 年建立的由 300 多万个中国成年人人体尺寸数据库对接。环节质量分配采用两组回归方程,一组是以体重和身高为自变量的二元回归方程;另一组是从 74 个体态参数里筛选的 29 个体态参数作为自变量建立的逐步回归方程。

四、人体参数简化模型的实用性和局限性

人体是一个复杂的、开放的巨系统,人体及人体运动的复杂性给研究带来了困难,将人体简化成物理模型进行力学研究,正确地反映出人体运动时起主要作用的力学因素,可以给研究带来较大方便,还可以取得定量数据和资料进行分析,从而揭示人体运动的运动生物力学原理,揭示动作技术结构的规律和合理性。但是复杂的人体简化为质点、刚体或刚体系后得到的数据与材料,再反馈到复杂的人体应用时还存在着很大的差距。人体运动受多种因素的影响,包括内在的和外在的因素,把多因素的问题简化为单因素处理,有其局限性,其数据资料反馈用于复杂的人体时需持谨慎态度。根据研究问题不同采用不同的模型,依靠多学科的综合研究逐步建立人体实体模型,这是运动生物力学工作者努力的方向。

第二节 人体运动的惯性参数

人体运动的惯性参数是指人体整体及环节质量、质心位置、转动惯量以及转动半径。

一、质量与转动惯量

平动的物体具有惯性,用物体的质量的大小来量度;转动物体也具有惯性,用转动惯量的大小来量度。

1. 质量

质量是指物体含有物质的多少,它是量度平动物体惯性大小的物理量。质量是物体的固有属性,不随物体的形状和空间位置而改变。质量是决定物体保持原有运动状态的能力,是只有大小而无方向的标量。物体的质量越大,保持原有运动状态的能力也越大;物体的质量越小,保持原有运动状态的能力也越小。

2. 重量

在日常生活中,质量经常被用来表示重量,但在科学上,这两个词表示物质不同的属

性。重量即重力的大小。物体由于地球的吸引而受到的力称为重力。重力是矢量,方向总是竖直向下,重力作用点称为重心。物体受到的重力的大小跟物体的质量成正比,计算公式为 $G = mg$,g 为重力加速度,重力随着纬度大小改变而改变。同一个物体所受重力在不同情况下可以变化,大于正常值时称为超重,小于正常值时称为失重。

3. 转动惯量

转动惯量是量度刚体绕轴转动时惯性大小的物理量。转动惯量用以描述物体保持原有转动状态(转动物体保持其匀速圆周运动或静止的特性)的能力,转动惯量越大,转动状态越不容易改变。

理论上,对一个质量为 m 的质点,如果它离转轴的距离为 r,则这个质点的转动惯量 J 等于这个质点的质量与它至转动轴距离平方的乘积,即

$$J = mr^2$$

由上式可知,刚体(人体)的转动惯量与刚体(人体)的质量、质量分布及转轴位置有关。刚体(人体)的质量越大,转动惯量越大;反之,则越小。例如,空翻类项目的运动员身高普遍较矮,因为做同样动作的情况下,身材矮小,转动惯量就小,容易转动。当转轴一定时,质量分布离转轴越远,转动惯量越大;反之,则越小。例如,直体空翻比团身空翻难度大,因为直体时,身体的质量分布离转轴较远,转动惯量较大。转轴离质心越远,转动惯性量越大;反之,则越小。例如,同一运动员做单杠大回环和腹式回环相比较,单杠大回环的转动惯量较大,因为两者的转轴位置不同,单杠大回环时人体转轴(单杠)在身体的一端(手部),身体展开时质量分布离转轴(单杠)较远,转动惯量较大。

如果转动轴已经确定,组成该物体的各个质点到转动轴的距离 r 就已确定,组成该物体的质点数也不增减,那么转动惯量就是不再改变的某一定值。在指出刚体转动惯量的大小时,必须同时指明是相对哪一个转动轴而言。

4. 回转半径

在实际应用过程中,很难精确地统计刚体中每一个质点的质量及其到转动轴的距离,通常都是用物体的整体质量。假设绕某转动轴转动的刚体全部质量都集中在离轴某一距离的一点上,即用这一点来代表整个刚体的质量,这时它的转动惯量如果恰好与原刚体相对此轴的转动惯量相等,则称这个距离为回转半径 R,也称转动半径,用公式表示为

$$J = mR^2$$

5. 人体转动惯量的特点

人体转动惯量可以运用刚体转动惯量的定义和公式,但是要考虑其可变性的特点。虽然组成人体或环节的质量不会改变,但是人体的质量分布会因呼吸、血液循环等因素影响而随时都在变化。人体在运动过程中受中枢神经系统的控制,经常需要根据体育动作的目的性而改变身体姿势,人体或环节的质量对转动轴分布状态不断发生改变,远离或向转轴集中。对人体某一姿势转动惯量的计算或测量,只能说明的是这一瞬间的情况。人体转动

惯量的这种可变性,使人体可以根据不同的动作目的,调整身体姿势改变转动惯量,以达到自我控制动作的目的。

二、人体质心(重心)和环节质心(重心)

(一)人体环节的划分

人体环节包括头、躯干、四肢等,对人体环节惯性参数的测量是一项基础性的工作。人体运动过程中这些环节的位置不断地发生调整和改变,直接影响人体质心和环节质心的位置,确定环节的划分方法就显得十分重要。

目前划分人体环节的方法有两种:一种是以人体的结构功能为依据,分割环节的切面通过关节转动中心,并以关节中心间的连线作为环节的长度。这种划分方法与人体结构功能相适应,在影像解析时更符合运动规律,可减少测量误差,但在人体测量时不易准确确定划分点。另一种是以人体体表骨性标志点作为划分环节的参考标志,并以此确定环节长度。这种划分方法尽管易于测量,但在模型个体化时,不如前者能更好地满足运动生物力学研究的基本要求,会给影像分析结果带来一定的误差。

在影像解析中,需根据受试者的性别、种族等实际情况来选择不同的人体惯性参数。表 3-1 列出了 5 个国家的学者对本国人体惯性参数的环节划分方法。德国、美国的数据基本上采用以人体结构功能为依据划分环节的方法;日本、苏联、中国的数据基本上采用以人体体表骨性标志点为依据划分环节的方法。

表 3-1 不同国家人体环节划分方法对比

环节	德国	日本	美国	苏联	中国
头		头顶—平齐耳屏位	头顶点—颅底点	头顶—平齐第七颈椎棘突处	头顶点—颈椎点
颈		平齐耳屏位—胸骨上缘			
上躯干	肩关节连线中点—髋关节连线中点	胸骨上缘—髋关节连线中点	颈颏—耻骨下缘	第七颈椎棘突处—胸骨下点	颈椎点—胸下点
中躯干				胸骨下点—脐点	胸下点—髂棘上点
下躯干			脐点—髂前点		髂棘上点—会阴

环节	德国	日本	美国	苏联	中国
上臂	肩关节中心点—肘关节中心点	肩关节中心点—肘关节中心点	肩关节中心点—肘关节中心点	肩峰点—肱桡点	肩峰与腋前—桡骨头
前臂	肘关节中心点—腕关节中心点	肘关节中心点—腕关节中心点	肘关节中心点—腕关节中心点	肱桡点—茎突点	桡骨头—桡骨茎突
手		腕关节中心点—掌指关节中心点	腕关节中心点—第一指骨间关节中心点	茎突点—指点	桡骨茎突—中指尖
大腿	髋关节中心点—膝关节中心点	髋关节中心点—膝关节中心点	髋关节中心点—膝关节中心点	髂前点—胫骨上点	髂前上棘—胫骨上点
小腿	膝关节中心点—踝关节中心点	膝关节中心点—踝关节中心点	膝关节中心点—踝关节中心点	胫骨上点—胫骨下点	胫骨下点—内踝尖
足	跟结节点—趾尖点	踝关节—足跟	跟后缘—趾尖点	胫骨下点—趾尖点	内踝尖—足底

资料来源:引自《运动生物力学》,赵焕彬等,2008 年。

(二)环节质心(重心)

人体环节质心(重心)是人体各环节受地球引力的作用点。人体环节质心(重心)在各环节中位置几乎是固定的。纵长的环节质心(重心)的位置大致位于纵轴上,靠近近侧端关节。描述人体环节质心(重心)的位置时一般采用环节(重心)半径系数的方法,即近侧端关节中心至环节质心(重心)的距离。

(三)人体质心(重心)

在体育科学研究中,评定体育动作完成的质量,分析运动技术及纠正错误动作时,需要比较准确地知道运动员在某个动作或某一连串动作中重心的位置或轨迹,如体操、跳水、跳远、跳高等。通过对运动的关键步骤进行录像或拍照,确定人体在各个位相的环节重心,再用力矩合成法等方法计算出身体的重心位置。

重力的作用点就是物体的重心。人体总重心是人体全部环节所受重力的合力的作用点。在相对静止的状态下,其变化范围一般为1.5~2 cm。据站立时测定,人体总重心的水平位置在第一至第五骶椎。人体重心并不特指身体上某一个固定点,它的位置是可变的,是随着呼吸、消化、血液循环等生理过程的进行在一定范围内移动。

人的性别、年龄、体型不同,人体总重心位置略有不同。女子的骨盆带较大,以及肩带发育弱于男性,一般男子重心位置相对比女子高,自然站立时男子重心高度大约为身高的56%,女子大约为身高的55%;儿童的头和躯干的质量相对大一些,身体重心相对高度比成年人高;运动专项对人体质心的高度也有一定的影响;人体姿势改变时,身体总质心位置会随之改变,甚至会移出体外,如做大幅度的体前屈动作或体操中"桥"的动作(图3-2)时。

图3-2 "桥"的动作时重心移到体外

(四)人体重心测量方法与原理

测量人体或环节重心对分析、评价体育动作技术的合理性、可能性、稳定性和实效性十分重要。

1.直接测量法

直接测量法是通过测量仪器(如重心板),对人体不同的姿势重心位置进行直接测量。此法可测量人体一维或二维的重心位置,对三维空间的重心位置尚无法测量。具体方法主要有两支点磅秤显示一维重心测量法(平衡板法,图3-3);三支点磅秤显示二维重心测量法(三角板法);三支点电子秤显示二维重心测量法;四支点电子秤显示一维或二维重心测量法。直接测量法的力学原理主要依据力矩原理,即一个系统各部分重力矩之和等于系统重力合力的力矩。

图3-3 电子式一维人体重心测量仪 型号:ZL23-CXCI—1

(江苏全风环保科技有限公司)

2.间接测算法

间接测算法是通过一定的方法对人体进行实测,测试数据经统计学处理,得出人体环节相对质量、环节质心相对位置等人体惯性参数及相关回归方程,利用这些参数及方程,用相应的方法对人体重心位置进行推算。间接测算法目前主要应用于影片解析系统中。

第三节 人体运动的运动学参数

在物理学中,把一个物体相对于另一个物体位置的变化称为机械运动,简称运动。人体的运动与非生命体的运动都遵循牛顿运动定律,但又有着本质的区别。区别在于人是生命体,人体的运动是自控的,其动力来自肌肉;人体的运动与自身结构、运动素质、损伤与康复及疲劳与恢复等密切联系;人体的运动也受到心理调节能力、运动技能及学习能力等因素的影响。人体运动中所蕴含的生命发展力、生命的极限潜能及生命的运动美感等因素,使人体运动的时间、空间、时空特征更具复杂性和个体性。

一、人体运动的参考系

世界是物质的,物质是运动的,运动是物质的固有属性,是物质存在的形式。人体也不例外,人体运动是绝对的,为了描述人体或器械的运动状态,必须选定一个参考系(参照物)作为标准。参考系的选取是任意的。选择不同的参考系观察同一物体的运动,结果可能会不同。例如,站在地面上的人,观察汽车里的人在向前运动,这是以地面为参考系,汽车里的人与地面的相对位置发生了变化;若以汽车为参考系,人和汽车的相对位置没有发生变化,人是静止的。这就是物理运动和静止的相对性。

通常根据研究问题的不同,可以选取两类不同的参考系:

(一)惯性参考系

将地球、相对于地球静止或相对于地球做匀速直线运动的物体作为参考物,称为惯性参考系,也称为静参考系。例如,跑步时经常选地面为参考系,单杠圆环时常选单杠为参考系,有时为了拍摄动作会树立标杆作为参考物。多数情况下判断人体是否运动,是以设置在地面上的起跑线、跳远踏板、单杠等作为参考物。这些物体相对于地球都是静止不动的,称为惯性参考系。

(二)非惯性参考系

将相对于地球做变速运动或相对于惯性参照系做变速运动的物体作为参考物,称为非惯性参考系,也称为动参考系。体育运动中,研究人体肢体环节局部运动时,通常以运动时人体质心作为参照系,因为运动中质心位置不断变化,所以是动参考系。例如,游泳时要研究臂的划水路线,通常选择肩关节为参考物。

(三)坐标系

确定参考系,只能定性地描述人体或器械的运动情况,为了定量研究人体或器械相对于参考系位置的变化,必须在参考系上建立坐标系。坐标系是参考系的数学抽象,具有参考原点、参考方向、参考单位。通常用的直角坐标系,分为一维坐标系、二维坐标系和三维坐标系。

1. 一维坐标系

一维坐标系是指选某一坐标为坐标原点,以某个方向为正方向,选择适当的标度建立一个坐标轴,就构成了一维坐标系(图3-4)。适于描述物体在一维空间运动(即物体沿一条直线运动)时物体的位置。如100 m跑、游泳等可以近似地看成在一维坐标系上的运动。

图 3-4　一维坐标系

2. 二维坐标系

二维坐标系又称平面直角坐标系,如果人体的运动是在一个平面上,这个运动从两个方向去分析。由原点引出两条坐标轴分别置于水平位置和垂直位置,取向右与向上的方向分别为两条数轴(Ox、Oy)的正方向(图3-5)。

图 3-5　平面直角坐标系

3. 三维坐标系

人体运动通常是三维空间的运动,需要用三维坐标(x、y、z)来表示,三维坐标系是在二维坐标系的基础上根据右手定则增加 z 轴而形成的,又称空间坐标系(图3-6)。

图 3-6　三维坐标系

二、人体运动的运动学参数

人体运动千变万化,运动形式多种多样。人体的运动是指人体整体运动或人体局部环节的机械运动(也包括器械的机械运动)。人体运动的运动学与空间、时间紧密相连,空间和时间是运动的人体存在的根本条件。人体运动的运动学参数包括时间参数、空间参数和时空参数。

(一)时间参数

1.时刻

时刻是人体在空间某一位置的时间度量,时刻指某一瞬时,是时间坐标轴上的一个点。它用来表示运动的开始、结束及运动过程中关键技术的时相,该时刻是一个运动时相结束和下一时相的开始。如跳远起跳时各个位相(着板瞬间、最大缓冲、离地瞬间)的重心高度、躯干角、左右膝角、左右髋角、左右脚尖等技术数据。

2.持续时间

持续时间是运动的时间度量,指运动开始时刻与运动结束时刻间的间隔。运动持续时间是用来评价动作技术优劣的重要参数,如掷标枪最后用力时间、跳高的起跳时间及完成动作的时间节奏等。在田径的径赛项目中,完成规定距离的时间是评定运动能力的主要参数。

3.频率

频率是单位时间内完成周期性变化的次数,是描述周期运动频繁程度的量,是衡量动作技术的一项指标。频率跟每个动作的持续时间成反比,每个动作的持续时间越长,频率越低;每个动作的持续时间越短,频率越高。如在跑步、游泳等项目中,技术水平高的运动员动作频率要高于技术水平低的运动员。

(二)空间参数

1.路程

路程是指物体运动轨迹的实际路线长度,路程是标量,它只有大小而不表明运动的方向。例如,100 m 比赛时运动员从起点到终点,所经过的路程是 100 m;800 m 比赛时运动员绕田径场跑道跑两圈,所经过的路程是 800 m。

2.位移

位移表示物体(质点)位置的变化,是由初位置到末位置的有向线段。位移的大小与路径无关,方向由起点指向终点,是矢量,有大小和方向,运算遵循平行四边形法则。只有直线运动中的位移与路程(轨迹)重合,此时位移等于路程,而曲线运动中的位移与路程一般来说是不重合的,位移的数值一般小于路程。在田径比赛中,其中田赛项目的成绩是以位移的长度来计量的,如跳远的成绩、跳高的高度、投掷的远度等。在径赛中,运动的距离是按路程来计量的,如前例中 100 m 跑从起点到终点,位移等于路程的数值,都是 100 m;800 m 时,路程是 800 m,而位移等于零。

3.角位移

角位移是描述物体转动时位置变化的物理量,转动的刚体上不同质点在同一时间间隔内线位移不同,但转过的角度是相同的。在描述转动时,一般采用物体转过的角度来描述,称为刚体转动的角位移,规定逆时针方向为正。角位移的单位为°(度)、rad(弧度),人体运动的描述中有时也用转动的周数表示。

人体的各种活动离不开身体的转动、扭转以及环节绕关节的转动。在人体运动技术的生物力学分析中,角度(角位移)是运用较多的一种参数。在学习角度(角位移)的概念时,要准确掌握描述人体运动的各种角度的定义或约定。如各关节角度是如何定义的;关节角的起始位置如何;什么是躯干角、肩髋角、抛出角、出手角、腾起角等。

(三)时空参数

1.速度与速率

速度是描述物体运动快慢和运动方向的物理量,人体的位移与发生这个位移所用的时间之比,称为人体在这段时间内(或这段位移)的平均速度。速率是运动物体经过的路程和通过这一路程所用时间的比值。平均速率描述一段时间内物体运动的平均快慢程度。通常把速度的大小称为速率,但两者是有区别的:速度是位移与时间的比值,它描述的是物体运动的快慢,同时反映运动方向,是矢量,有大小有方向,其合成与分解遵循平行四边形法则;速率是路程与时间的比值,是标量,有大小没有方向,速率通常用绝对值表示;平均速率并不是"平均速度的绝对值",不能为零,如果质点做曲线运动或做有往返的直线运动时,在一定时间内物体又回到出发点,则这段时间内的平均速度为零,平均速率却不为零。

为了精确描述物体运动的快慢,取很短的时间段 Δt,如果 Δt 非常小(小到可以认为速度来不及发生变化),就可以认为 $\frac{\Delta x}{\Delta t}$(位移与时间之比)表示的是物体在时刻 t 的速度,这个速度就是瞬时速度。瞬时速度是矢量,是位移与时间之比,是有方向(物体运动的方向)的,瞬时速度的大小即速率,又称瞬时速率。体育运动中所提的"起跳速度""出手速度"等都是瞬时速度,是跳跃、投掷等项目动作技术的重要参数。

2. 角速度

人体在单位时间内所转过的角度即为角速度,是描述物体转动速度快慢的物理量,用 ω 表示,是矢量,单位是 rad/s。角速度与线速度的关系为 $V = \omega \times r$,转动方向由右手螺旋定则确定。

3. 加速度

加速度是表示物体速度变化快慢的物理量。加速度是矢量,既有大小又有方向,大小等于速度变化量与发生这一变化所用时间的比值,方向与速度变化量的方向始终相同,合成与分解遵循平行四边形法则,常用单位是 m/s^2。

一般情况下,加速度是个瞬时概念。瞬时加速度是指人体运动在某一时刻或某一位置的加速度。运动实践中所说的加速度一般都是指瞬时加速度。在运动方向上速度增加,为正加速度(加速运动);减小则为负加速度(减速运动)。加速度与速度并没有必然联系,加速度很大时,速度可以很小;速度很大时,加速度也可以很小。

当物体的加速度大小和方向在同一直线上时,物体就做匀变速直线运动,即 $a = \frac{v_2 - v_1}{t_2 - t_1}$。

当物体做曲线运动时,物体的加速度方向与速度方向不在同一直线上,会在力的方向上产生加速度,偏转向力的方向。这时把加速度 a 分解成沿法线方向的法向加速度 a_n 和沿切线方向的切向加速度 a_t。

在圆周运动中,通常把法向加速度 a_n 称为向心加速度,大小等于该时刻速度的平方与圆半径的比值,即 $a_n = \frac{v^2}{r}$。

4. 角加速度

角加速度是描述物体转动运动快慢的物理量,是物体角速度的大小和方向对时间的变化率,用 β 来表示。转动物体从某一瞬时 t 开始的角速度变化 $\Delta \omega$ 与相应时间间隔 Δt 的比值称为平均角加速度,即 $\beta = \frac{\Delta \omega}{\Delta t} = \frac{\omega_2 - \omega_1}{t_2 - t_1}$。当 $\Delta t \to 0$,则这一比值称为瞬时角加速度;当作用在物体上的力矩是常数时,角加速度也是常数。人体几乎所有环节的运动都是绕着关节轴转动,通常采用角加速度来描述环节运动状态的变化情况。

5. 绝对速度、相对速度和牵连速度

在研究人体与器械运动时需要选择参考系,参考系选择的不同,进行动作技术分析时参数会不同。研究体育运动的时候,把研究对象相对于惯性参考系的速度称为绝对速度;

把研究对象相对于非惯性参考系的速度称为相对速度;把非惯性参考系相对于惯性参考系的速度称为牵连速度。三者的关系为:绝对速度 = 相对速度 + 牵连速度。例如,篮球行进间三步上篮(图 3-7),篮球相对于地面的速度为绝对速度,篮球相对于跑动的人为相对速度,跑动中的人为牵连速度。

图 3-7　篮球行进间三步上篮

第四节　人体运动的动力学因素

　　力是物体对物体的作用,是使物体获得加速度或形变的原因,它等于物体的质量与加速度的乘积,即 $F = ma$。力不能脱离物体而单独存在,两个不直接接触的物体之间也可能产生力的作用。人体在运动中的力,主要是人体与外界环境相互作用(自体位移)或人体与器械相互作用(他体位移),结果是使人体整体、局部环节或器械的运动状态发生改变(力的外效应)或发生形变(力的内效应)。力的三要素为力的大小、方向和作用点,力的合成与分解遵循平行四边形法则。

一、人体运动中的力

(一)人体内力

　　在研究动力学问题时,首先要确定研究对象,确定的研究对象称为力学系统。若将人体整体看成一个生物力学系统,则人体内部各部分相互作用的力称为人体内力。如肌肉张力、韧带张力、组织黏滞力、关节约束反作用力等都属于人体内力,其中肌肉张力是人体内力中的主要动力,肌肉张力(肌力)是人体唯一的、主动的和可控的力。

人体内力是人体力学系统内各部分之间的相互作用,虽然可引起人体力学系统内各部分之间的相对运动,但不能引起人体整体(以重心位置表示)运动状态的改变(图3-8)。就像人不能抓住自己的头发把自己提离地面,举重运动员力大无穷也无法自举其身。

图3-8　人体内力不能改变人体重心的运动状态

(二)人体外力

若将人体整体看成一个生物力学系统,则外界其他物体对人体的作用称为人体外力。使人体运动状态改变的原因,只能是其他物体对人体的作用即人体外力的作用。人体各环节之间发生相对运动,只能是环节以外的力(环节外力)对此环节作用的结果。如果人体失去其他物体对人体的作用,那么人既不能走,也不能跑,也就是说人不能改变人体整体空间的位置移动;人体自体位移如果没有肌肉张力主动对外界环境的作用,人体自体位移也将难以实现。

(三)人体内力与人体外力的相对性及其相互关系

1. 人体内力和人体外力概念是相对的

如何确定某个力是人体外力还是人体内力,取决于研究对象。由于研究对象的不同,同一个力既可看成外力也可看成内力。肌力对于人体整体来说是内力,但肌力对于作用的人体环节来说是外力。如肱二头肌的肌力对上肢运动来说是外力,但对整个人体来说则是内力。把人体整体作为研究对象,肌力是人体内力,而在研究人体环节运动时,环节周围的肌力是此环节运动的外力。

2. 支撑状态时人体内力可以改变人体外力

虽然人体内力不能直接引起人体整体的运动,但是可以通过人体局部环节的作用,改变人体对外界物体力的大小,外界物体则以大小相等、方向相反的力反作用于人体,从而使人体发生整体运动。例如,跑步蹬地动作,人体靠蹬地腿肌肉收缩力(人体内力)使下肢诸关节伸,通过摆动腿和手臂的加速摆动(人体内力),人体整体给地面以向后向下的作用力,同时地面以支撑反作用力(人体外力)作用于人体,使人体向前向上加速运动(图3-9)。人体内力和人体外力是相互联系的,人体内力是人体整体运动的必要条件,但是内力只有在支撑状态下才能形成作用于人体的各种外力,使人体产生整体运动。另外,人体在支撑状态下,可以通过人体内力的改变以减小人体外力对人体的作用,如各种落地缓冲动作。

图 3-9　跑步蹬地动作的人体内力和人体外力

3.改变人体内力的主要手段是利用人体外力的作用

肌力(人体内力)是肌肉紧张或收缩时产生的力,肌力的大小除与肌肉的解剖生理特点有关外,还与中枢神经系统对肌肉的协调控制等有关,发展肌力时必须不断给予肌肉各种负荷刺激。在运动训练中常见的方法是阻力训练法,就是利用外界物体产生的阻力来训练肌力。

二、体育运动中常见的人体外力

(一)重力

人体重力是指地球对人体的引力,人体重力与人体质量成正比,作用点就是人体重心,方向竖直向下,指向地心。

人体每时每刻都受到重力的作用,但人体运动形式不同,重力对人体的运动所起的作用也不同。人体的运动方向与重力方向相同时,重力起动力作用;人体运动方向与重力方向相反时,重力起阻力作用。例如,斜坡跑训练(图 3-10)中,重力两个分力一个为垂直指向斜坡,一个平行斜坡向下。上坡时平行斜坡向下的分力成为人体的阻力,人体利用此力训练下肢的力量和爆发力;下坡时此力又成为人体的动力,可以加快速率和肌肉收缩速度,提高步频。

图 3-10　上坡跑和下坡跑

(二)弹力

弹力产生在直接接触而发生弹性形变的物体之间,方向总是与物体形变的方向相反,大小为 $F = k \cdot \Delta x$(其中,k 是弹性系数或虎克系数,Δx 是形变量)。弹力在运动中是普遍存在的,运动器械的选择,人体与运动器械的接触形式、接触时间、接触时机都会对人体运动产生重要影响。准确、适时地利用弹力可以帮助人体有效地完成动作;反之,会造成动作的失败。有时物体在接触过程中发生的形变肉眼观察不到,但弹力依然存在,这时可以认为弹力与支撑反作用力数值相等。

(三)摩擦力

摩擦力是两个相互接触的物体做相对运动(或有相对运动趋势)时产生的力,也是一种接触力。摩擦力的方向与物体相对运动(或相对运动趋势)的方向相反。摩擦力分为静摩擦力、滑动摩擦力、滚动摩擦力 3 种。

摩擦力在体育运动中是普遍存在的。人之所以能走、跑,靠的就是鞋底与地面之间的摩擦力,可以说没有摩擦力,人就会寸步难行。在摩擦力起动力作用的项目中,增大摩擦力以提高运动效果,如跑鞋上装钉子,在体操等项目中使用镁粉等。而在摩擦力起阻力作用的项目中,要减小摩擦力,如滑雪板、游泳衣表面提高光滑性。

(四)支撑反作用力

人体处于支撑状态时,力作用于支点(支撑面)上,支点(支撑面)又反作用于人体,这种反作用力称为支撑反作用力,它是一种约束反力,分为静力性支撑反作用力和动力性支撑反作用力。

当人体静止不动站立在地面时,重力使人体压向地面,地面给人体以反作用力,这种反作用力称为静力性支撑反作用力。静力性支撑反作用力 R 与人体所受重力 G 相等,人体保持平衡状态,$R = G$。

当人体处于支撑状态,人体局部环节做变速运动,其结果是给支点(支撑面)以作用力,支点(支撑面)给人体以反作用力,这种反作用力称为动力性支撑反作用力。局部环节加速度有 3 种情况:

①加速垂直离开支点。这时产生向上的加速度,支撑反作用力 R 大于人体所受重力 G,增大的值与运动环节质量及加速度成正比,$R - G = ma$。如跳高起跳过程中摆动腿和摆动臂向上加速摆动,人体获得较大的支撑反作用力。减速垂直朝向支点的过程等同于加速垂直离开支点。

②加速垂直朝向支点。这时产生向下的加速度,支撑反作用力 R 小于人体所受重力 G,减小的值与运动环节质量及加速度成正比,$G - R = ma$。如人体做下蹲动作时。减速垂直离开支点的过程等同于加速垂直朝向支点。

③加速斜向离开(朝向)支点。这时支撑反作用力 R 与支撑面有一定的角度,根据平行四边形法则计算出垂直方向上的加速度。

第五节　运动生物力学原理对运动状态改变的规律基础

前几节主要讲述了改变人体运动状态的经典力学规律,但运动过程中是有人参与的活动。人体运动生物力学参数具有复杂性、相对性及非线性特征。人体是一个非常复杂的生物巨系统,在运动生物力学的研究中,人体的拒测性及人体动作的不可重复性,使得绝对的、无创伤性检测手段制约了对运动的真实数据的反映,其测量结果应用到运动实践中是有条件限制的,只能获得某项运动的相对指标及其力学运动规律。人的主要任务是利用这些规律,结合人体生物学特点,改善人体或器械运动的条件,以达到竞技运动提高成绩的目的。

一、惯性力

惯性力是为了研究在非惯性参考系中物体的相对运动而虚构的一种力,它不符合牛顿第三运动定律。惯性力是不存在的,但在实际问题中,人们经常需要在非惯性参考系中观察和研究发生的一些力学现象而引进了惯性力。

例如,人站在汽车里,汽车突然启动并以加速度 a 前进时,站在车里的人脚也会以加速度 a 随着汽车前进,由于惯性,人的质心仍会保持静止状态,表现为人的质心以加速度 $-a$ 后退的现象,人就感觉好像有一个力向后拉他,但是又找不到这个施力物体,在这种情况下,人们就设想有一个惯性力 $F^* = -ma_r$ 作用于人体质心处来描述上述现象。

F^* 为惯性力,m 是物体的质量,a_r 是非惯性参考系的加速度,负号表示惯性力的方向与非惯性参考系的加速度方向相反。惯性力的特点:惯性力不是物体间的相互作用,不存在反作用力;惯性力只存在于非惯性参考系中。

利用惯性力可以解释为什么变速运动时,阻力不等于作用力而反作用力却与作用力相等。在运动实践中合理利用惯性力,对提高运动效率、减小体能消耗有重要意义。例如,举重运动员在提起杠铃时要注意爆发式用力,一旦杠铃启动,还要注意保持动作的连贯性,充分利用杠铃的惯性可以减小用力,若中途迟缓或停顿,不仅可能会导致动作的失败,还可能会发生运动损伤。短跑运动员到达终点后通过身体后倾产生一个向后的作用使其快速停下来,这在运动中也称为"克服惯性"。

二、动量定理和动量矩定理

动量定理和动量矩定理是动力学的普遍定理之一。动量定理是物体动量的增量等于它所受合外力的冲量（所有外力的冲量的矢量和），即

$$F(t_2 - t_1) = mv_2 - mv_1$$

人体环节运动多为绕关节的转动。动量矩定理给出刚体的动量矩与冲量矩之间的关系，刚体动量矩的增量等于它所受到的合外力矩的冲量矩，即

$$M(t_2 - t_1) = J\omega_2 - J\omega_1$$

在动力学问题的研究中，人们通常关心的是力的累积效应，而不是力的瞬时效应。在运动过程中，任何力的作用都有一定的时间，都是外力连续作用的结果。例如，推铅球，运动技术的核心是最后用力阶段，在其他因素相同的情况下，我们关心不是最后用力阶段某一时刻的瞬时力值和瞬时加速度的大小，而是铅球最后出手时初速度 v_0 的大小，也就是说动量累积改变的多少。

（一）增加冲量可以增加人体或器械的运动速度

由动量（矩）定理可知，为了使人体或器械获得较大的速度（角速度），通常需要增大作用力（矩）并延长力的作用时间。

1. 使原动肌充分拉长

在完成动作时，人体环节通常先向相反的方向运动。为了提高动作主动收缩肌肉的爆发式用力，在动作最后发力前先预先拉长原动肌使其处于适宜初长度，肌肉先进行离心收缩，紧接着转为向心收缩的工作形式，即超等长收缩。例如，标枪投掷前预先拉长胸大肌、肱三头肌等主要原动肌的"超越器械"动作，足球大力踢球时大腿预先后摆拉长髂腰肌等的动作。

影响超等长收缩爆发式用力效果的因素有：①肌肉离心收缩时弹性能量的产生和储存、向心收缩时储存的弹性势能的再利用程度；②运动神经中枢对肌肉的调节作用。肌肉弹性能量的产生是由肌肉的牵拉速度和长度决定的，弹性势能的利用由离心—向心收缩的耦联时间决定的。超等长训练的实质是充分发展肌肉弹性势能的产生、储存与转换及再释放能力，并提高运动神经中枢对"拉长—缩短"周期的反射性调控的作用，建立较高的牵张反射，形成在中枢神经系统支配下的肌肉正确用力顺序。

2. 延长肌力的工作距离

工作距离是力对抛射体作用的距离，并不是抛射体运动的距离。根据功的公式 $W = Fd$，在肌力作用达到足够大时，增加肌力的作用距离（工作距离），可以延长肌力对人体或器械的作用时间，达到增大冲量，提高抛射体抛出的初速度的目的。如运动中的预备动作、反向动作、游泳中的"S"形划水等。

3.使通过工作距离的时间越短越好

由于运动环境（或规则规定）及身体形态结构的限制，工作距离是有限的。如掷铁饼时，规则限制只能在一个投掷圈内做动作，运动员就用旋转来增大工作距离。根据功率的定义 $P = \dfrac{W}{t} = \dfrac{Fd}{t} = Fv$（$W$ 是肌力做的功，d 是肌力的工作距离，F 是肌肉收缩力，v 是肌肉收缩速度），应该让抛射体通过工作距离的时间越短越好，即抛射体在工作距离的时间内加速度越大越好，这也是爆发力的概念，最后使获得的抛射体初速度增加。

但是肌肉收缩力和肌肉收缩速度呈非线性的反相关关系，即力量的增大以速度的减小为代价，在运动过程中，增大肌力和延长力的肌力的作用时间是互相矛盾的。在技术上通常采用的方法是：在保证肌肉发挥最大力量的同时，通过延长肌力的工作距离来延长肌力的作用时间。如超越器械动作、反向动作等。

4.肌肉活动顺序性的原理及合理配合的原则

为了使末端环节获得最大速度，应遵循肌肉活动顺序性的原理，即一般由近端环节的大肌群首先活动，然后依次让较远端环节的肌肉活动直至肢体末端环节的肌肉活动为止，符合"大关节带动小关节活动"运动顺序理论。肌肉的这种活动顺序性增大了运动幅度和速度，而且由于每一个运动神经元支配的肌纤维数量逐渐减少，也增加了肢体运动的准确性，还保证了远端环节肌肉在收缩前的适度拉长。

研究表明，有些运动中各不同环节动作之间的时间间隔非常小，通常不到 0.1 s，如鞭打动作；有些动作是配合性动作，如摆动动作，通常是作为整体动作的配合部分来完成的，其动作的质量很大程度上决定了整个动作完成的效果，在做动作时各环节的合理配合十分必要并且要精确。熟练的动作可在"低意识控制"下完成，即出现动作自动化。动作自动化出现后，中间神经元可引起支配对抗肌的 α-运动神经元的抑制效应，使肌肉之间的工作配合更加协调，多余的动作会减少，动作连贯，提高工作效率，节省能量；让原动肌的肌力用于主要动作上；减小使抛射体减速的各种阻力。

（二）减小冲量可以减小人体或器械的运动速度

运动中若想使运动的人体或器械停下来，为了减小外界或器械对人体的冲击力，需要延长力的作用时间。在人体动量变化一定的情况下，延长力的作用时间，可以减小外界对人体或环节的冲击。例如，各种落地缓冲动作，前脚掌着地，并迅速过渡到全脚掌，同时伴有屈膝、屈髋和伸踝的动作，以延长脚与地面相互作用的时间，进而减小地面冲击力对人体可能造成的伤害。又如，用手接高速飞行的篮球时，在手接球的同时屈肘回收，顺势接球，可延长手与球的接触时间，从而减小球对手的冲击作用。体操用的海绵垫、跳高用的海绵包、拳击用的手套、跳远用的沙坑等，都是利用器械来延长力的作用时间以减小对人体的冲击力，避免损伤。

三、动量（矩）守恒定律及动量（矩）的传递和转移

（一）动量（矩）守恒定律

动量守恒定律、能量守恒定律和角动量守恒定律是现代物理学中的三大基本守恒定律。以两球碰撞为例：光滑水平面上有两个质量分别为 m_1 和 m_2 的小球，分别以速度 v_1 和 $v_2(v_1 > v_2)$ 做匀速直线运动。当 m_1 追上 m_2 时，两小球发生碰撞，设碰后两者的速度分别为 v'_1 和 v'_2。

假设水平向右为正方向，它们在发生相互作用（碰撞）前的总动量为

$$p = p_1 + p_2 = m_1 v_1 + m_2 v_2$$

在发生相互作用后两球的总动量为

$$p' = p'_1 + p'_2 = m_1 v'_1 + m_2 v'_2$$

设碰撞过程中两球相互作用力分别为 F_1 和 F_2，根据牛顿第二定律，碰撞过程中两球的加速度分别为

$$a_1 = \frac{F_1}{m_1}, a_2 = \frac{F_2}{m_2}$$

根据牛顿第三定律，F_1 和 F_2 大小相等，方向相反，即

$$F_1 = -F_2$$

故

$$m_1 a_1 = -m_2 a_2$$

碰撞时两球之间力的作用时间很短，用 Δt 来表示，即加速度与碰撞前后速度的关系为

$$a_1 = \frac{v'_1 - v_1}{\Delta t}, a_2 = \frac{v'_2 - v_2}{\Delta t}$$

代入上式，整理后可得

$$m_1 v_1 + m_2 v_2 = m_1 v'_1 + m_2 v'_2$$

结论表明两球碰撞前后系统的总动量是相等的，即

$$p = \sum mv = 常量$$

若系统不受外力或所受外力的矢量和为 0，这个系统的总动量保持不变，这就是动量守恒定律。

同理，动量矩守恒定律为当合外力矩为 0 时，则动量矩保持不变，即

$$当 M = 0 时，J\omega = 恒矢量$$

人体或器械处于腾空无支撑的状态，忽略空气阻力时，满足动量（矩）守恒条件。无论人体或器械在空中的动作多么复杂，总动量（矩）完全由抛射体抛出瞬间的初始条件所决定的。人体借助姿态的变化和环节的相向运动，实现人体转动速度的变化或动量矩在基本轴间的转移，但总动量矩的大小和方向均守恒。例如，跳远落地动作，为使脚伸得更远，人体需要积极收腹举腿，这时躯干向前压而腿向上举起这是受力学规律制约的一个自动化过程。

(二)动量矩的传递和转移

动量矩在人体内的传递和转移主要是利用身体某些环节的突然制动,从而使这些环节已经获得的动量矩向相邻环节传递和转移。如鞭打动作的理论基础就是通过环节间动量矩的传递以使末端环节获得最大动量的(图3-11)。

图 3-11　鞭打动作

1. 空中角速度的改变

动量矩守恒定律表明,刚体的动量矩一定时,转动惯量 J 与角速度 ω 在数值上成反比。人体在腾空状态时,通过改变人体对基本轴的惯量,达到控制人体角速度的目的。例如,跳水运动员从跳板起跳后,通过改变身体姿势来改变身体绕重心额状轴的转动惯量,从而改变身体的转动角速度以完成各种各样的翻腾或转体动作。

2. 空中动量矩的轴间转移

在体操、技巧、跳水等项目中,腾空时人体转动极为复杂,在空中有单轴转动、多轴转动、腾空时就已获得动量矩的转动或完全由空中发起的转动。如晚旋动作,运动员腾空时只具有绕额状轴转动的动量矩,在空中运动员利用非对称的手臂运动导致身体倾斜,从而发生转体动作,即获得绕矢状轴转体的动量矩。

3. 人体动作的动量矩的传递

动量在人体力学系统内各环节间的传递是运动中普遍的力学现象,它取决于各环节间是否有相互作用,而与系统总动量是否守恒与否无关。体育运动中多数情况都属于动量的部分传递,为了增大被冲击物体获得的动量,一方面通过增大主动冲击物体的速度;另一方面尽可能增大主动冲击物体的有效质量。例如,在鞭打动作过程中,各环节肌肉主动施力,通过近端环节的制动使其动量向远端环节传递,从而增大远端环节的速度。在动量传递过程中动员尽可能多的环节参与运动,有时还要提高参与动量传递环节的有效质量,如鞭打动作要求腰部开始发力,就是为了增大动量传递的速度;踢足球时要求踢球脚的脚背绷直,就是为了提高脚和腿的固化程度,增大踢球腿的有效质量。

相关历史事件

速度与竞技体育水平

新闻点眼：在 2004 年戴维斯杯男子网球团体赛世界组 1/4 决赛中，美国小将罗迪克再次以 244.6 km 的发球时速刷新了世界纪录。凭借这项令人咋舌的纪录，罗迪克当仁不让地成为网球历史上最有力量的"重炮手"。

不过，罗迪克所创造的击球速度却不是所有体育项目中最快的，羽毛球比其更快。在羽毛球运动员扣杀球时，其最高时速可达到 320 km，这在人类运用器械的体育项目类别中，可以堪称速度之王，并且这个数据和完全依靠于器械的 F1 赛车相比也毫不逊色，F1 赛车的最高时速也只是刚刚超越 350 km。

F1 赛车、摩托车、赛艇等项目速度的提升是依附于现代科技的发展。而网球、羽毛球、乒乓球、足球等项目中速度的提升虽然也有一定的科技成分在其中，但其关键的操纵者还是运动员。在这些体育项目中，速度的提升更是需要向人类自身极限发起挑战。

让小小一球像子弹一样飞驰

拍类运动羽毛球最快

在网球比赛中，发球直接得分往往是一些高手取胜的必杀技，而为了追寻这种直接得分的手段，选手们也不断提高发球的速度。英国选手鲁塞德斯基被公认为网坛的"重炮机器"，他闪电般的发球经常令对面的选手目瞪口呆。在 1998 年印第安维尔斯大师赛上，鲁塞德斯基创造了 239.7 km 的发球时速，而他也仅凭此一项"特长"，就长期跻身世界顶尖选手的行列。

不仅鲁塞德斯基以发球作为得分手段，澳大利亚的菲利普西斯、荷兰的沃尔科克等众多选手也都将这项"必杀技"发挥得淋漓尽致。美国选手罗迪克是这些选手中的佼佼者。

去年的伦敦公开赛,罗迪克追平了鲁塞德斯基的发球时速世界纪录,此后他夺得了美网公开赛的冠军。在今年的戴维斯杯团体赛上,罗迪克先是在首回合以241.4 km的时速打破原世界纪录,随后又在上周再次以244.6 km的发球时速刷新了自己的纪录,他也因此成为网坛历史上发球最快的选手。

在女子网球选手中,凭借发球得分的选手往往能够占据较大的优势。大威廉姆斯在其鼎盛时期,就创造了205 km的发球时速世界纪录,而她经常可以发出时速近乎200 km的发球,此数据已经超越了不少男选手,这也是大威廉姆斯称霸网坛的关键因素。在目前世界顶尖选手中,克里斯特尔斯、毛瑞斯莫、达文波特、卡普里亚蒂和威廉姆斯姐妹都是以力量著称,她们也都将发球视为取胜的重要方法。

不过,网球并不是世界上最快的拍类运动,不被大家注意的羽毛球才是这项纪录的王者。随着现在球拍材质的进步,选手们在扣杀时的一瞬间,球与球拍接触时的时速可以高达320 km,这个数据即使和F1赛车相比也毫不逊色,虽然F1赛车的最高时速可以超越350 km,但一般F1赛车在比赛中的时速也就是在300 km左右。如果让人们猜测羽毛球和F1赛车的时速,大家肯定想不到两者之间的差距竟然如此细小。

乒乓球转速超过飞机引擎

和羽毛球一样,乒乓球的时速也高得惊人。乒乓球拍材料不断改进,选手们扣杀时球的时速可以达到170 km,这相当于一辆高速行驶中的小轿车的速度。

1961年在北京举行的第26届世乒赛男单首轮中,在中日两名选手的对决中,中国选手凭借大力的扣杀球击败对手。据当时权威部门的统计,运动员在击球时,乒乓球与球拍接触时间最短的仅为千分之一秒,就在这千分之一秒的时间里,中国选手当时扣出球的时速为170 km。而日本选手拉出前冲弧圈球时,球的转速也非常快,每秒钟球可以围绕自身轴心旋转超过50次,这甚至比飞机引擎的转速还要高出许多。

随着乒乓球运动的发展,球拍的材料也在不断改进,有些球拍使用的胶水可以使球的时速提高30 km。为了限制这种无休止的球速增加,有些胶水在国际大赛上是被禁止使用的。

速度体现竞技体育水平

棒球也是一项击球速度非常快的项目,在棒球水平较高的日本职业棒球比赛中,来自清源队的伊良部秀恢创造了158 km的投球时速,而美国职业棒球大联盟则保持了投球最快的世界纪录,由德州游骑兵队的莱恩以164.1 km的投球时速创造了世界纪录。

和棒球相似的垒球,其速度也并不慢。在亚特兰大奥运会上,曾有投手投出时速高达118 km的球。垒球投手与击球手之间的距离为12.2 m,棒球为18.4 m,加上棒球和垒球投手性别的差异,力量上也必定有所不同,垒球比棒球的速度也稍有降低。曾经获得奥运会亚军的中国队也有投速较快的投手,至少有3~4名投手的投球时速超过了100 km,这已经接近世界先进水平。

速度是竞技体育水平的一种体现，每个项目都根据自身的特点拥有不同数值的速度，每名选手也因为各自身体素质的差异而创造出不同的速度值。如排球，欧美一些实力强劲的男子排球选手，其发球的最快时速已经超越 130 km，高尔夫球和冰球的击球时速也高达 150 km 以上。

抛开体育运动，大家印象中地面上速度最快的应该是磁悬浮列车。日本在一次磁悬浮列车载人运动试验中，创造了时速 580 km 的列车载人运行新的世界纪录，而上海的磁悬浮列车时速则为 430 km。不过，目前世界上最快的飞行物则是来自美国的高超音速飞机，其最高时速可以达到惊人的 8 000 km。

任意球"一剑封喉"的奥秘

"一剑封喉"或许只是武侠小说中的描写，仗剑的侠士往往依靠出剑的快速取得对决的胜利。在足球场上，这个词语同样被不断提及，它和"势大力沉"一起，成为对球员踢出的快速球的形容。在现代足球运动中，随着技术和体能的提高，赛场上能以"一剑封喉"破门的情景也越来越多，这一点集中体现在任意球的破门中。经常上演这样的进球方式的，莫过于效力于皇马的罗伯特·卡洛斯和贝克汉姆。仔细观察他们的射术和对各种外力的把握，就知道这种破门的来之不易。

复杂有趣的物理原理

当球员踢出任意球时，球基本上一边飞行一边自转，这对球体表面的气流产生影响。如果击球点是在中心偏左，球就会按顺时针方向自转，导致球体左侧气流在越过足球表面的球皮缝隙时，减速更快，在这一侧的气流将比另一侧的气流更早脱离球表面，球的飞行路线逐渐向右偏移。这一现象在 150 年前被德国物理学家马格努斯发现，又称"马格努斯效应"。所谓任意球脚法好坏要看你能让球偏移多少，偏移的效果又同时取决于击球的点和击球的力度。把握踢球的力量，既让球以最快速度飞行，又能产生理想的自旋，这就是踢任意球的诀窍。触球点不当，失之毫厘，谬以千里。

那些能有效控制"马格努斯效应"的球员让人眼前一亮，不过能将球旋转进网，还要考虑另一个物理现象：气动阻力。和"马格努斯效应"一样，气动阻力也随着球速变化：踢球力量越大，空气阻力就越大，球最终的落点也距离预期越远。意想不到的是，当球速低于时速 30 km 后，气动阻力的强度，会因球体表面气流的复杂变化，变得难以捉摸。

现代足球中最经典的任意球的创造者是罗伯特·卡洛斯。在 1997 年法国四强赛上，罗伯特·卡洛斯在 30 m 开外主罚任意球，球罚出后向右偏靶得厉害，以至于球门后的球童不禁起身想躲，可是当球速减缓时，"马格努斯效应"和"气动阻力"携手发挥了神奇的作用，球在飞近球门时突然加速左飘，蹭着门柱飞进了球门。卡洛斯这样解释他当时的想法："我罚任意球主要靠力量和加旋，我每次都是用左脚外侧的三个脚趾踢球的正中部，在巴西我们将这种踢法叫'三小趾'。这么踢，球会先走高然后急速下坠，巴西人把弧线这么大的球称为'落叶球'。守门员几乎防不住这种球，特别是踢球力量很足的话更是防不胜防。在西班牙,他们把我的任意球称为'精灵炸弹',因为它又急又沉又准,当然,球进了才这么说。"

卡洛斯喜欢重炮轰门:"我最喜欢的一个任意球是在1997年的四强赛对法国队的那一个。踢出这种球真不容易,你得坚持练力量和技巧。我百米跑只需10.6 s,罚球时速有170 km,但我还是花很多时间练技术。"他重炮轰门的另一经典之作是在一场西甲联赛中,当时卡洛斯操刀主罚任意球,足球没有划出贝克汉姆任意球那种炫目的技术性曲线,而是像一枚势大力沉的炮弹穿过人墙直飞球门,对方门将还未反应过来,球已经应声入网,皇马的胜局由此锁定。根据赛后公布的测速结果,这个任意球的时速达到了119 km。卡洛斯虽然身高才1.68 m,但是他却长了一双"象腿"。如此粗壮的腿踢出的任意球,自然像出膛的炮弹那样精准而势大力沉。有人专门给卡洛斯进行了测量,结果其中一次射门的时速竟然达到179 km。

马特乌斯堪称"大力神"

贝克汉姆的任意球破门同样有着惊人的速度,不过他更多的是将力量和加旋结合在一起,组成享誉世界的"圆月弯刀"。早在1998年,英格兰计算机专家利用以色列的导弹跟踪系统技术对足球比赛的录像进行了分析,发现贝克汉姆的射门力度非常大,球速也惊人地快。在1997年2月22日的比赛中,效力于曼联的贝克汉姆踢出了一脚时速达到157.5 km的球。不过那已经是7年前的事情了,在最近的一次测试中,贝克汉姆的任意球时速居然达到了169 km,在皇家马德里仅仅次于卡洛斯。

但是他们都不是最快的。在计算机技术进入足球运动之后,进球时的速度和力量都可以实现量化。在目前的统计中,1990年意大利世界杯上,马特乌斯的一记任意球直接挂网,而门将却毫无反应。如果不是计算机的帮助,我们可能不知道那一记任意球的时速达到了210 km,即使守门员在0.01 s内就能作出反应,他也来不及扑出球。而在另外一次统计中,德国队中擅于大力射任意球的穆勒曾经踢出时速180 km的球。

第四章
人体运动的生物力学应用

【学习任务】

通过本章的学习,了解影响人体平衡的力学因素及生物学因素,影响抛射体运动的因素,体育运动中流体力学基本知识。

【学习目标】

1.知道影响人体平衡的力学因素及生物学因素。

2.基本掌握影响抛射体运动的因素。

3.理解体育运动中流体力学基本知识,并能熟练运用流体力学原理解释运动中的一些现象。

人体平衡的运动生物力学分析

人体平衡状态是指相对于惯性参照系静止或做匀速直线运动的状态。人体平衡的稳定性是指人体或物体抵抗各种干扰作用而保持平衡的能力，又称为稳定程度或稳定度。它包括两个方面：一是指人体静止时抵抗各种干扰的能力，称为静态稳定性；二是指人体重心偏离平衡位置后，干扰因素除去时，人体仍能恢复到初始平衡范围，称为动态稳定性。人体平衡是人体运动的一种特殊状态，分为静态平衡和动态平衡两种形式。

一、人体平衡的分类

1. 根据人体重心和支点的相对位置分类

根据人体重心和支点的相对位置，可将人体平衡分成以下3种：

①上支撑平衡：人体处于平衡状态，支点在人体重心上方平衡状态称为上支撑平衡，如体操中单杠悬垂动作。

②下支撑平衡：人体处于平衡状态，支点在人体重心下方平衡状态称为下支撑平衡，如站立、头手倒立等。

③混合支撑平衡：人体重心位于上、下两支点之间的平衡状态称为混合支撑平衡，它是一种多支撑点的平衡状态，如肋木侧身平衡。

2. 根据平衡的稳定程度分类

根据平衡的稳定程度，可将人体平衡分成以下4种：

①稳定平衡：指物体在外力的作用下偏离平衡位置后，当外力撤销后，物体仍能恢复到原来的平衡状态。大多数上支撑平衡都属于稳定平衡，如单杠悬垂动作。原因是物体偏离平衡位置时，重心升高，重力矩使物体向平衡位置（此时重心比较低）移动。

②不稳定平衡：指物体在外力的作用下偏离平衡位置后，当外力撤销后，物体不仅不恢复到原来的平衡状态，而是更加偏离平衡位置。仅在下支撑平衡中出现，如单臂手倒立动作。原因是偏离平衡位置时，重心降低，重力矩使物体继续倾倒，直到物体的重心相对取得最低位置时才会静止不动，取得另外一种平衡状态。

③有限稳定平衡：指物体在外力的作用下，在一定限度范围内偏离平衡位置后，当外力撤销后，物体仍能恢复到原来的平衡状态，但是当偏离平衡位置超过一定限度时，物体将失去平衡，直到重新取得另一种平衡为止。原因是物体在一定限度范围内偏离平衡位置时，

重心升高,重力矩使物体向平衡位置(此时重心比较低)移动,但超过某一定限度范围偏离平衡位置时,重心降低,重力矩使物体继续倾倒,直到物体的重心相对取得最低位置时才会静止不动,取得另外一种平衡状态。多在下支撑平衡中常见,如单脚平衡木跳跃、走跑道线、燕式平衡等。

④随遇稳定平衡:指物体在外力的作用下,当外力撤销时,物体既不回到原来的位置,也不继续偏离新位置,而是在新位置下重新建立平衡。原因是物体偏离原来的位置时,重心高度没有发生变化,没有重力矩使物体产生移动。这种平衡在体育运动中比较少见,前滚翻动作可以近似地看成随遇平衡。

二、影响人体平衡的生物力学因素

人体运动中的平衡大多属于下支撑平衡,影响下支撑平衡稳定性的主要因素如下:

1.支撑面

支撑面包括支撑部位的接触面积及其最外侧边缘所包围的面积。支撑面越大,稳定性就越好;支撑面越小,稳定性就越差。例如,人体两脚开立比两脚并立姿势稳定,双脚站立比单脚站立稳定性好,手倒立要比肩肘倒立难度大,单手倒立难度更大(图4-1)。

图4-1　肩肘倒立、双手倒立、单手倒立

2.稳定角

在支撑面大小不变的情况下,重心位置越低,稳定性越好;重心位置越高,稳定性越差。可用稳定角的概念来综合反映支撑面的大小、重心的高低及重力作用线这3个因素对稳定性的影响。稳定角是指重力作用线和重心至支撑面相应边缘连线间的夹角(图4-2)。稳定角越大,物体的稳定性越好;稳定角越小,物体的稳定性越差。稳定角能定量地说明在重力能够产生恢复力矩的倾倒范围,从而使物体恢复到原来的平衡位置上。物体倾斜角度大于稳定角时,重力产生的倾倒力矩使物体倾倒。对于人体来说,稳定角有无数个,在运动实践中通常根据动作的需要选取不同的稳定角。如在蹲距式起跑的出发姿势中尽量使身体前移,以使重力作用线接近支撑面的前缘,目的就是减小向前方向的稳定角,有利于听到枪声时迅速打破向前方向的平衡而快速起跑和出发。在摔跤、武术等项目中加大在对抗方向的稳定角,提高对抗方向的稳定性,并巧妙地运用粘走,转化对方的来劲,破坏对方的平衡,达到"四两拨千斤"的目的。

图 4-2　人体不同姿势各个方向的稳定角

3.稳定系数

稳定系数是稳定力矩与翻倒力矩的比值,表示物体依靠重力矩抵抗各种外力作用而保持平衡的能力。稳定系数大于1,物体能抵抗翻倒力矩,平衡不被破坏;稳定系数小于1,物体不能抵抗翻倒力矩,平衡会遭到破坏,即物体会翻倒。

平衡与稳定性是两个不同的概念,人体平衡是人体在外力作用下的身体姿态,稳定性是保持人体某种姿态或运动状态的能力。人体的平衡通常在某一方向上稳定性较大,而在另一方向上稳定性较小。如头手倒立,人体前后方向的稳定性小,而左右方向的稳定性相对要大些。人体的稳定性具有方向性。

三、影响人体平衡的生物学因素

人体是复杂的生物力学系统,前面所讲的稳定角、稳度系数等指标仅适用于刚体,在考虑平衡及评价稳定性时需要考虑人体的生物学特点。

1.人体不能绝对静止

由于人体的呼吸、血液循环等造成人体重心的位置不是定点,而是在一定范围内波动,肌肉的张力也不可能在每一时刻都是定值,尤其是长时间维持平衡状态,肌肉出现疲劳,稳定性更差。因此,人体的姿势不可能绝对静止。射击和射箭运动员,瞄准后要求屏气发射,也是为了减少呼吸运动造成的重心波动。

2.人体有效支撑面小于支撑面

人体支撑面边缘均为软组织,人体的有效支撑面小于"理论"支撑面的面积,当重力作用线还未超过支撑面边缘时,人体就会提前翻倒,即翻倒线永远位于支撑面边缘线之内。

3.人体具有一定的调节自身平衡的能力

人体与刚体的不同之处在于形状可以发生变化,人体有翻倒趋势时,会通过人脑的调节系统反射性地改变身体姿势,可以保持原有平衡:一是身体总重心向翻倒方向的相反方向移动(称为补偿动作或补偿运动),如右手提重物时身体自然向左倾斜以保持平衡。二是在翻倒发生时,通过肢体的移动建立新的支撑面来重新建立平衡,运动中的平衡控制大部分属于这种情况。如体操运动员落地时机没掌握好,一旦失去平衡,则迅速向前(或向后)跨出一步,建立新的平衡,稳定后再并腿确定新的支撑面建立新的平衡来完成整个落地动作。

4. 起重要作用的人体内力消耗肌肉的生理能

人体内力虽然不能改变人体整体的运动状态,但内力可以通过对外界环境的主动作用,使人体受到外界环境的反作用,从而影响人体的平衡。人体可以通过增大或减小内力,特别是肌肉的用力大小,从而改变作用于人体的力或力矩来影响人体的稳定性。这个过程虽然不产生位移,但肌肉必然要消耗一定的生理能来维持人体的平衡姿势。或长时间保持平衡,能量消耗增多,肌肉出现疲劳也会使人体控制平衡的能力降低。

5. 人体平衡受心理作用的影响

在运动过程中,外界环境的变化和人体内环境的变化都会对人体神经系统产生影响,表现为心理因素的变化。紧张的心理会影响视觉在平衡调节中的作用,会影响大脑及神经中枢对肌肉收缩能力的调节,从而影响人体的平衡状态。在地上画一个与平衡木同样宽度的印迹,我们可能会平衡走过去,但在平衡木上,就很有可能会失去平衡。

第二节　体育运动中的抛体运动

抛体运动是指以任意初速抛出的物体,在地球重力作用下的运动。做抛体运动的物体称为抛体。抛体的质心在运动中的轨迹称为弹道或弹道曲线。体育运动中如篮球投篮,铅球、铁饼、标枪的掷出,跳高、跳远、跨栏、跑步中重心的移动等都是抛物线,都称为抛体运动。

一、空气阻力对抛体的影响

空气阻力对抛体运动轨迹的影响很大,实际运动中抛体运动是非常复杂的,但在有些情况下,是可以忽略空气阻力的,假定运动是在真空中进行的,这时抛体在空中的运动都是抛体运动。有时忽略空气阻力是有条件的,不是任何情况下的空气阻力都可以忽略。

(一)可以忽略空气阻力的情况

如果物体的质量较大,体积较小,飞行速度较低,飞行时间较短时,空气阻力可以忽略不计。因为物体质量大,惯性就大,受空气阻力的影响相对较小,飞行速度较低时空气阻力对物体飞行影响不显著,飞行时间较短时空气阻力对物体的冲量较小,对物体的飞行状态影响也较小。如投掷铅球、投掷链球、跳高、跳远人体腾空后都符合上述条件,可以忽略空气阻力,看成抛体运动。

(二)不能忽略空气阻力的情况

如果物体的质量较小,体积较大(阻力面积较大),飞行速度较高,飞行时间较长,空气的阻力不可忽略。因为物体质量小,惯量就小,容易受空气阻力的影响;体积大(或者说空中飞行时阻力面积大),空气阻力大,对物体的作用当然不能忽略;飞行速度高,空气阻力显著增大,空气阻力与速度成正比增加,对物体飞行产生显著影响;飞行时间长则空气阻力的冲量大,对物体动量改变较大,物体运动的轨迹将显著偏离抛物线的形状。如标枪、铁饼、羽毛球、乒乓球、足球等器械的空中飞行。

▌▌二、抛体运动的运动生物力学基础

抛体运动的力学分析基础是运动的独立性原理或运动的叠加原理,是指一个运动可以看成几个各自独立进行的运动叠加而成,即任何一个方向的运动都不会因为另外一个方向的运动是否存在而受到影响。在分析抛体运动时,一般采用直角坐标系,从竖直方向和水平方向去研究。

(一)抛点与落点在同一水平面上的斜抛运动

如图 4-3 所示建立直角坐标系,根据运动的独立性原理,斜上抛运动可以看作水平方向的匀速运动和竖直上抛运动。运动开始时,抛射体具备一定的初速度 v_0,并与水平面成抛射角 α,则抛射体在水平方向和竖直方向上的初速度分量分别为

$$\begin{cases} v_{0x} = v_0 \cos \alpha \\ v_{0y} = v_0 \sin \alpha \end{cases}$$

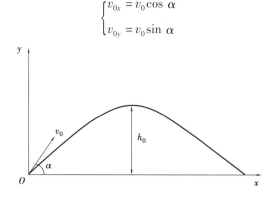

图 4-3 同一水平面上的斜抛运动

如果不计空气阻力、风向及风速的影响。设抛出的初始时刻为 0,可得到抛射体在初始时刻的水平速度与竖直速度分别为

$$\begin{cases} v_x = v_0 \cos \alpha \\ v_y = v_0 \sin \alpha \end{cases}$$

运动到 t 时刻的位置为

$$\begin{cases} x = v_0 t \cos \alpha \\ y = v_0 t \sin \alpha - \dfrac{1}{2}gt^2 \end{cases}$$

抛射体达到最大高度的时间为

$$t_上 = \frac{v_0 \sin \alpha}{g}$$

抛射体达到的最大高度为

$$h = \frac{v_0^2 \sin^2 \alpha}{2g}$$

从抛出点到落地点的腾空时间为

$$t = t_上 + t_下 = \frac{2v_0 \sin \alpha}{g}$$

抛射体飞行的远度为

$$s = \frac{v_0^2 \sin 2\alpha}{g}$$

从理论上计算当 $\alpha = 45°$ 时飞行的距离最远。

(二)抛点高于落点的斜抛运动

如图 4-4 所示,以掷铅球为例,设出手点的高度为 h,出手初速度为 v_0,抛射角为 α,投掷远度为 S。

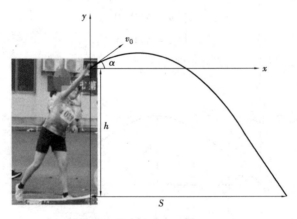

图 4-4　抛点高于落点的抛体运动

设铅球从投出到落地的总时间 t 为,则

$$\begin{cases} -h = v_0 t \sin \alpha - \dfrac{1}{2}gt^2 \\ s = v_0 t \cos \alpha \end{cases}$$

$-h$ 表示落点在原点以下。解得时间 t 为

$$t = \frac{v_0 \sin \alpha \pm \sqrt{v_0^2 \sin^2 \alpha + 2gh}}{g}$$

最终得到投掷的远度公式为

$$S = \frac{v_0^2 \sin \alpha \cos \alpha + v_0 \cos \alpha \sqrt{v_0^2 \sin^2 \alpha + 2gh}}{g}$$

(三)抛点低于落点的斜抛运动

篮球投篮时球的出手点低于球的落点,投篮时,落点的速度方向直接影响着投篮的命中率(图4-5)。计算结果表明,运动员在出手点高度一定时,初速度与抛射角的配合只有在阴影区(图4-6)才有机会投中空心球,这对篮球的定点投篮训练有一定的帮助。

图4-5　抛点低于落点的抛体运动

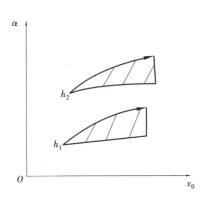

图4-6　投篮时初速度与抛射角之间的关系

三、抛体运动的影响因素

田赛运动项目中,有些是以远度计算运动成绩,有些项目是以高度计算运动成绩的,人体或器械在空中飞行的高度或远度直接决定着成绩的好坏。

(一)影响抛体运动远度的因素

只讨论抛射点和落地点在同一水平面上的斜抛运动。从抛射体远度公式 $S = \dfrac{v_0^2 \sin 2\alpha}{g}$ 可知,影响抛射体远度的因素有初速度 v_0、抛射角 α。

1.抛射体抛出的初速度对飞行远度的影响

当抛射角 α 一定时,抛体的远度 S 与抛出的初速度 v_0 的平方成正比,可见,抛射体抛出的初速度 v_0 的影响是主要的。在体育运动项目中,由抛射体抛出的远度决定运动成绩时,应尽可能地提高抛射体抛出的初速度(在不同的运动项目中说法不同),初速度稍有增加,抛体远度可获得较大幅度的增加。在实际训练中,应着重发展肌肉力量和速度,从而提高运动员或器械的抛出初速度。例如,掷标枪时由助跑、引臂、转体等一系列的预备动作,尽量延长力的作用时间,加大力的工作距离等多方面的因素增大出手初速度。这一系列的动作要相互连贯和衔接,一旦动作稍微停顿或犹豫,速度的合成就会减小,将失去助跑、滑步等动作的意义而变成原地投掷,必然会影响投掷的远度。

2.抛射体抛射角对飞行远度的影响

由远度公式可知,当初速度 v_0 不变时,远度与 $\sin 2\alpha$ 成正比。也就是说在其他参数不变的情况下,飞行远度与2倍抛射角的正弦成正比。在其他条件相同情况下,要想获得飞行的最大远度,理论上最佳抛射角为45°。最佳抛射角对提高远度是很重要的,但最佳抛射角的确定不是运用数学公式推导出来的,通常采用实验的方法来确定,这也涉及个体技术最佳化的问题。对于某一项目而言,最佳抛射角不是指某一特定的角度,而是指在一定范围内变化的一组角度。

3.抛射体抛出点的高度对飞行远度的影响

飞行远度与抛出点的高度有关,抛出点高度增加则飞行的远度相应增大。在投掷项目中要尽可能地增大抛射体抛出点的高度。如在跳远项目中尽量提高运动员起跳离地瞬间的人体重心的高度。研究表明,美国的比蒙(身高191 cm)和日本的饭岛(身高176 cm)腾起角为26°,起跳速度为9.5 m/s时,比蒙比饭岛跳远远度多16~18 cm。

(二)影响抛射体高度的因素

根据公式 $h = \dfrac{v_0^2 \sin^2 \alpha}{2g}$,可以看出抛射体的高度与抛出的初速度的平方成正比,与抛出角度的正弦的平方成正比。也就是说,实际上影响抛射体高度的因素是初速度和抛射角,其中初速度的影响是主要的。这个初速度是由水平速度和方向向上的竖直速度合成的速度,并且垂直速度占主要。要增大抛射体抛出的高度,必须增加初速度的垂直分量,即增大抛射角。从理论上计算,当抛射角为90°时,抛出的高度最高,但这是竖直上抛运动,不能取得成绩,如跳高时垂直上跳就不能越过竿,只能要求抛射角尽量趋近90°,当然技术要求还要根据个人情况来确定。

体育运动中的流体力学

一、流体力学的基本知识

凡是没有固定形状且易于流动的物体就称为流体。人体或器械的运动都是在流体(空气或水)环境中运动的,很多情况下流体(空气或水)对人体或器械运动的影响是不能忽略的。例如,各种球类运动、投掷运动、水中及水上项目的运动等,都会受到流体的作用从而影响其运动的效果。本节从运动生物力学的角度分析人体或器械在流体中的运动,研究如何根据流体的特性、采用合理的动作技术,减小在特定方向上流体的阻力、增大动力。

(一)静止流体内的压强

流体内部任何方向都有压强,在同一深度各个方向的压强都相等。流体内部某一深度的压强等于流体的密度(ρ)、重力加速度(g)、深度(h)三者的乘积,即 $P = \rho g h$。

(二)理想流体

流体在流动时各层间有相对滑动,相邻层间存在着摩擦力,称其为内摩擦力或黏滞力。实际上流体是可压缩的。液体压缩较难,气体压缩却很容易,很小的压强差就能导致气体迅速流动。在很多情况下,黏滞性和压缩性对流体的运动影响很小,是次要的因素,而流动性对其影响是主要因素。为了突出流体的这个主要特征,使问题简化,把定常的、无旋的、不可压缩和没有黏滞性的流体称为理想流体。

(三)流体具有流动性和黏滞性

人体的流体运动环境包括空气和水。流体的宏观力学性质是具有易流动性,这是流体区别于固体的属性。在真空状态下,运动的物体受到的阻力及升力为零。物体在流体中运动时,即使做匀速直线运动,物体也会受到流体的阻力。在速度较低的情况下,物体表面会附着一层流体随物体一起运动,从而使物体表面附着的流体层与邻近的流体层之间发生相对运动,由此产生阻碍物体运动的黏滞力,也称为黏滞阻力或摩擦阻力。

(四)流体质点和连续介质模型

流体质点(流体微团)是在研究流体机械运动中所取的最小的流体单元,它的体积无穷小却又包含无数多的流体分子,即微观上充分大、宏观上充分小的分子团。流体质点尺度比分子或分子运动尺度足够大,它可以包含"无数"个分子,而比所研究的力学问题的特征尺度又足够小。

将流体看成连续介质是流体力学研究的基本假设之一。它认为流体是由无数质点(流体微团)组成、质点间没有空隙、连续地充满其所占据的空间的连续体,且质点宏观物理量,如质量 m、速度 v、压强 P、温度 T 等,各物理量之间可以用连续函数来表示,从而利用数学的方法研究流体的受力情况及运动规律。

(五)流动的分类

①按流体通过空间固定点时,其运动参数是否随时间变化来分类:

a. 定常流动:是指在流场中流体中任何一点的运动参数(压力、速度、密度等)不随时间变化的流动,称为"稳态流动"或者"恒定流动"。

b. 非定常流动:是指在流场中流体中任何一点的运动参数(压力、速度或密度等任意一个)随时间变化的流动。

②按与空间坐标变量的关系来分类:一维流动、二维流动和三维流动。

（六）流线和迹线

1.流线

流线是在流场中每一点上都与速度矢量相切的曲线（图4-7）。流线是同一时刻不同流体质点所组成的曲线，它是该时刻不同流体质点的速度方向。

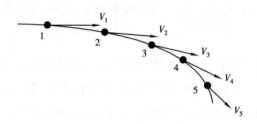

图4-7　流线

2.流线的性质

①在运动流体的整个空间，可绘出一系列的流线，称为流线簇。流线簇的疏密程度反映了该时刻流场中速度的不同。

②当为非定常流时，流线的形状随时间改变；当为定常流动时，流线的形状和位置不随时间而变化。

③一般情况下，流线不能相交，不能折转，只能是一条光滑曲线。

3.迹线

迹线是流体质点在空间运动时所描绘出的曲线，即流体质点运动的轨迹。

4.迹线的特点

①迹线的切线给出的是同一流体质点在不同时刻的速度方向。

②迹线是单个质点在连续时间过程内的流动轨迹线。

③迹线只与流体质点有关，对不同的质点，迹线的形状可能不同。但对某一确定的质点而言，其迹线的形状不随时间变化。

（七）流管和流束

在运动流体空间内垂直于流动方向作一微小的闭合曲线，通过该闭合曲线上各点的流线围成的细管称为流管（图4-8）。由于通常情况下流线不会相交，因此，流管内、外的流体都不会穿越管壁。

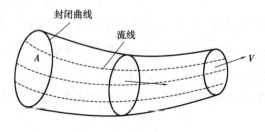

图4-8　流管和流束

在各个时刻,液体质点只能在流管内部或沿流管表面流动,而不能穿越流管。流线组成了流束,流束是流管内的流线簇。流管仿佛就是一根虚拟的水管,其周界可以视为虚拟的固壁。在日常生活中,自来水管的内表面没有流体的穿透,这一点与流管是相同的。但在自来水管的内表面上,流体被黏附导致速度为零,而流管壁并没有这种约束,两者之间还是有一定的区别。

(八)层流和湍流

层流和湍流是流体的一种流动状态。当流速很小时,它做层状的流动,流体分层流动,互不混合,称为层流,也称为稳流或片流[图4-9(a)];逐渐增加流速,流体的流线开始出现波浪状的摆动,摆动的频率及振幅随流速的增加而增加,此种流况称为过渡流;当流速增加到很大时,流线不再清楚可辨,流场中有许多小漩涡,层流被破坏,相邻流层间不但有滑动,还有混合。这时的流体做不规则运动,有垂直于流管轴线方向的分速度产生,这种运动称为湍流,又称为乱流、扰流或紊流[图4-9(b)]。

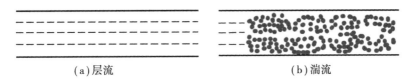

(a)层流　　　　　　　　　(b)湍流

图4-9　层流和湍流

(九)过流断面和流量

1.过流断面

某一研究时刻的流管或流束一个横断面,称过流断面。过流断面是与流管内所有流线正交的横断面,不一定是平面,其形状与流线的分布情况有关,只有当流线相互平行时,过流断面才为平面,否则为曲面。过流断面用 S 表示。

2.流量

流量是指单位时间内通过流管或流束中过流断面的流体量,用 Q 表示,$Q = vS$,其中 v 是流体的平均速度。流量的度量单位一般用体积,也可以用质量或重量。

(十)流体的连续性原理——连续性方程

这是描述流体流速与截面关系的定理。当流体连续不断而稳定地流过一个粗细不等的流管时,流管中任何一部分的流体都不能中断或挤压起来,在同一时间内,流进任意过流断面的流体质量和从另一过流断面流出的流体质量应该相等。即

$$\rho_1 v_1 S_1 = \rho_2 v_2 S_2 = 常数$$

这就是流体运动的连续性方程式。如果是不可压缩流体,则 ρ 保持不变。连续性方程式即为

$$v_1 S_1 = v_2 S_2 = 常数$$

可以得到结论:流束的平均流速与过流断面的面积成反比。即在流量一定的情况下,

流束断面大则流速小,流束断面小则流速大。

(十一)流体的能量守恒原理——伯努利方程

利用功能原理(外力所做的总功等于机械能的增量)可以推导出理想液体做定常流动时的压强 P、速度 v 和高度 h 之间的关系。

假设流体在重力场中做定常流动,全取一段细流管作为研究(图4-10)。由于流管取得非常小,可以认为在同一个过流断面截面上的每一点的流体的流速和压强都是相同的。设在左端,其截面积为 S_1、速度为 v_1、压强为 p_1、距离参考面的高度为 h_1;在右端,截面积为 S_2、速度为 v_2、压强为 p_2、距离参考面的高度为 h_2。$S_1 - S_2$ 这段流体在极短的时间 Δt($\Delta t = t_2 - t_1$)内从 $S_1 - S_2$ 位置移动到 $S_1' - S_2'$ 位置,讨论在 Δt 时间内各种力对这段流体所做的功及由此引起的能量的变化。

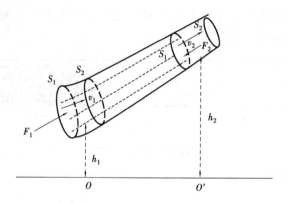

图4-10 伯努利方程的推导

1. 压力所做的功

理想流体在流动时没有黏滞性;流管外侧面的流体对这段流体的压力方向垂直于流管表面,这个压力不做功;只有流管两端的流体对管内的流体压力才做功。由于 Δt 时间很短,从 S_1 处到 S_1' 处以及从 S_2 处到 S_2' 处的流体的压强、流速及流管的过流断面截面积、高度的变化都是很微小的。

作用在 S_1 处的压力 $F_1 = p_1 S_1$ 为推力,所做的功为正功,即

$$A_1 = F_1 d_1 = F_1 v_1 \Delta t = p_1 S_1 v_1 \Delta t$$

作用在 S_2 处的压力 $F_2 = p_2 S_2$ 为阻力,所做的功为负功,即

$$A_2 = F_2 d_2 = F_2 v_2 \Delta t = p_2 S_2 v_2 \Delta t$$

在时间 Δt 内外力所做的净功为

$$A = A_1 - A_2 = p_1 S_1 v_1 \Delta t - p_2 S_2 v_2 \Delta t$$

式中,$S_1 v_1 \Delta t$ 和 $S_2 v_2 \Delta t$ 分别等于包围在 $S_1 S_1'$ 和 $S_2 S_2'$ 之间的流体的体积。按流体连续性原理,它们是相等的,用体积 V 表示,且这两部分流体的质量也是相等的,以 m 表示流体的这一质量,则上式可写成

$$A = p_1 V - p_2 V$$

2. 重力势能的增量

$$W = W_2 - W_1 = mgh_2 - mgh_1$$

3. 动能的增量

$$E = E_2 - E_1 = \frac{1}{2}mv_2^2 - \frac{1}{2}mv_1^2$$

根据功能原理有

$$A = W + E$$

即

$$p_1V - p_2V = (mgh_2 - mgh_1) + \left(\frac{1}{2}mv_2^2 - \frac{1}{2}mv_1^2\right)$$

$$p_1V + \frac{1}{2}mv_1^2 + mgh_1 = p_2V + \frac{1}{2}mv_2^2 + mgh_2$$

因流体段是任意选取的,故

$$pV + \frac{1}{2}mv^2 + mgh = 常量 \tag{4-1}$$

式(4-1)是瑞士科学家伯努利于 1738 年首先导出来的,称为伯努利方程。方程式中 pV 具有能量的量纲,可把它看作体积为 V 的流体处于压强 p 之下所具有的能量,称为压强能。伯努利方程可叙述为:在重力作用下一定质量的理想流体做定常流动时,在流管的任一过流断面处,其动能、势能、压强能之和为一常量。将式(4-1)两边同时除以 V,得

$$p + \frac{1}{2}\rho v^2 + \rho gh = 常量 \tag{4-2}$$

式中,$\rho = \dfrac{m}{V}$ 是流体的密度。式(4-2)是伯努利方程常用的表达式。该式说明,理想流体做定常流动时,在同一流管的任一过流断面处,单位体积流体的动能、势能、压强能之和是一个常量。一般地,对不同的流管,这个常量的值是不同的。伯努利方程是流体力学的基本定律之一。

伯努利方程是人体或器械在流体中进行技术分析的主要理论基础。假如流体在水平流管中流动时,即流体的高度不发生变化的情况下,伯努利方程可简化为

$$p + \frac{1}{2}\rho v^2 = 常量 \tag{4-3}$$

由式(4-3)可知,在同一水平管中流动的流体,流速小的地方压强大,流速大的地方压强小。

由连续性方程及伯努利方程,可以得出重要结论:理想液体在水平管中做定常流动时,压强和流速的关系为截面积大,则流速小,压强大;截面积小,则流速大,压强小。

二、运动器械运动的流体力学分析

（一）运动状态的等效原则及应用

运动状态的等效原则是指在流体中运动的物体与周围流体作用的等效性，即物体在流体中运动时受到流体作用力，与物体静止不动，流体以相同的运动作用于物体的作用等效。类似于运动的相对性。

运用运动状态的等效原则可以降低成本，提高工作效率。例如，利用风洞实验和水槽模拟飞行器在空气中及水中器械的运动。依据运动的相对性原理，将器械、实物或模型固定在人工环境中，人为制造气流或水流流过物体，以此模拟空中或水中各种复杂的运动状态，获取试验数据。简单地说，风洞就是在地面上人为地创造一个"空间"。实现运动训练或产品设计的"一天等于一个年"的效果。

（二）旋转球弧线运动分析——马格努斯效应

根据伯努利原理可知，当球体在流体中既有平动又有转动时，由于球表面不光滑性和流体的黏滞性，球体表面会附着一层空气随着球体一起转动，球体周围形成空气环流附着层［图 4-11（a）］、［图 4-11（b）］。当球顺时针方向转动同时以一定的速度向前运动时，球的右边环流与周围空气层流方向相同，球体右侧空气流动速度比不旋转时流速大，在球体的左侧由于空气环流和层流的方向相反，空气流动速度比不旋转时流速小。根据伯努利原理，流速大处压强小，流速小处压强大，球体右侧受到的压强小于左侧受到的压强，相当于受到一个由左方指向右方的力，从而使球的飞行轨迹向右发生偏转。这种现象称为马格努斯效应，即空气动力使旋转物体改变运动轨迹的效应。

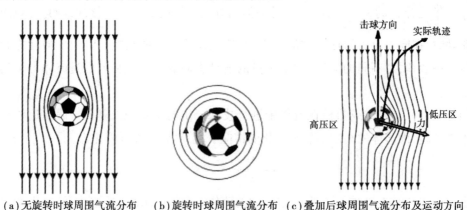

(a)无旋转时球周围气流分布　　(b)旋转时球周围气流分布　　(c)叠加后球周围气流分布及运动方向

图 4-11　不同情况的球在流体中产生的现象

体育运动中旋转球在空气中运动时，都会产生马格努斯效应，也称为罗宾斯效应。马格努斯效应在体育实践中应用十分广泛，如各种上旋球、下旋球及侧旋球的特殊轨迹，足球、排球、乒乓球、网球等都会出现马格努斯效应。其大小取决于物体运动的速度及旋转的速度、流体密度、球体质量、形状及球体表面的粗糙程度等。

(三)香蕉球的原理

香蕉球又称"弧线球""弧旋球",是足球运动中的技术名词,是指运动员运用脚法踢出球后并使球在空中向前做弧线运行轨迹的踢球技术。弧线球常用于攻方在对方禁区附近获得直接任意球时,利用其弧线运行状态,避开人墙直接射门得分。因其运动路线似香蕉形状,故称为"香蕉球"。

如图4-12所示,在足球比赛中,以右脚球员为例,主罚直接任意球的时候用右脚内侧向侧前方向踢球,足球向球门方向运动(以后以球门方向为前),同时脚内侧的摩擦使足球产生逆时针方向的旋转(自上向下俯视方向),由于空气具有一定的黏滞性,因此当球转动时,空气与球面发生摩擦,旋转着的球就带动周围的空气层一起同向转动,在足球旋转的带动下,足球周围也将产生和足球旋转方向一致的环流。又由于足球同时向前运动,因此相对于足球前进的方向,在足球飞行过程中周围空气气流产生相对于足球是向后的层流。这样在足球的左侧,旋转产生的环流和飞行中的层流方向相同,导致足球左侧空气流动速度加快;在足球的右侧,旋转产生的环流和飞行中的层流方向相反,使该侧气流流速变慢。根据流体力学的伯努利定理,在速度较大一侧的压强比速度较小一侧的压强小,球左侧受到的压强小于球右侧受到的压强。因为球所受空气压力的合力左右不等,总合力向左,所以球在运行过程中就产生了向左的运行,即产生弧线。

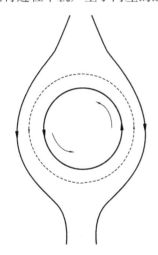

图4-12 香蕉球飞行轨迹的变化

至于旋转球在飞行一段时间以后突然出现的拐弯现象,是由于球在刚开始运动时,其平动速度较大,单位时间内其平动位移较大,旋转的压力差虽然不断改变着平动速度的方向,但相对于较高的平动运动的速度来说,它所引起运动轨迹弯曲度显得较小。而在球体运动末期,因平动速度的大幅度减小,而旋转的角速度减小较慢,故球体的偏转现象比较明显,宏观观察到的现象是,运动的轨迹体现出突然转弯的现象。这种空气作用效应在其他球类项目中也常见。

(四)乒乓球弧圈球的原理

以上旋球为例分析乒乓球在空气中运行轨迹(图4-13)。上旋球在空气中绕球的额状轴向前旋转飞行。这种上旋飞行的球落在台上之前,在马格努斯效应下乒乓球的上方受到的压强大于球的下方受到的压强,使飞行中的球过网后急促下降着台,落地点要比不旋转的球的落地点近。因为球体是旋转的,在与台面碰撞时,乒乓球相对台面有向后运动的趋势,乒乓球会受到台面给予的水平向前方向的冲量,从而使球获得一个水平速度的增量,所以乒乓球反弹后会形成强烈的前冲效果。乒乓球的反射角大于入射角,上旋球转速越快,所获得的水平速度增量就越大,反射角就越大;上旋球飞行的方向越平缓,即入射角越大,反射角也就越大。

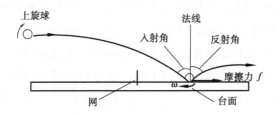

图4-13 乒乓球上旋球轨迹变化

(五)排球飘球的原理

排球飘球是指不旋转、在空中飘晃飞行的球。主要见于发球之中,飘球在飞行中的飘晃性给对方运动员的判断带来了困难,增加接发球的难度,是常用发球技术之一。从现象上看,飘球在空中飞行的轨迹不是一条光滑的抛物线,类似周期摆动,或是以突然失速下吊的方式运动。从发球技术上来看,发飘球时,要使作用力通过球体重心,球不发生旋转。击球时手和球的接触面要小,发力突然、短促,手腕跟球的时间要短(图4-14)。

图4-14 排球扣球

飘球的形成是运动员大力击球,使球变形且不旋转快速飞行,由于球体表面粗糙不光滑附着一层空气,根据马格努斯效应的作用,再加上球的严重变形及排球质量较轻,使球飞行时四周受到的空气压力不均匀,形成的压强差位置变化不定,促使使排球脱离抛物线轨迹形成了飘浮不定的飘球。

运动学是研究"是什么"的内容，是对运动规律的客观描述，动力学研究的是"为什么"的内容，对运动出现的现象进行理论验证。

回顾与思考

1.分析乒乓球上旋、下旋及不旋转弧圈球落地点的远近关系，分析上旋球反弹后形成强烈前冲效果的力学原理。

2.简述影响人体平衡的力学和生物学因素。

3.简述"香蕉球"的生物力学原理。

历史事件人物

贝克汉姆

这也许是全欧洲最昂贵的右脚，擅长用内脚背主罚，足球以悦目的内旋弧线向对手的大门死角飞去。贝克汉姆从小接受科班训练，一招一式看上去非常朴实正统。为了提高速度，他必须扭摆全身，让身体完全倾斜来增大足球的内旋速度，通常给人以迅雷不及掩耳的感觉，这就是我们常见的贝氏任意球主罚姿势。门将总会纳闷为什么经常是判断准方向却仍然慢了半拍，科学数据告诉我们，小贝的每次任意球射门球速都在110 km/h以上，人们将他的旋转、快速、落点准确的弧线球称为"贝氏弧度"，在进攻上是简单却一击致命的有效武器。昔日任意球大师普拉蒂尼曾如此评价："贝克汉姆肯定是欧洲最好的右脚任意球队员，如果不幸和他所效力的球队相遇，绝对不要在本方大禁区附近给他任何机会。"

经典回放:2002年世界杯预选赛，对希腊一战，最后一分钟，最激动人心的一脚，价值1亿英镑!

罗纳尔迪尼奥

作为当今世界头号球星，小罗的任意球速度与弧线结合得异常完美，在格雷米奥，在巴黎，在巴塞罗那，人们习惯了他用一次次精准的半高球羞辱对方门将。加入红蓝军团的第一年他以15粒进球帮助巴萨重回巅峰，并进而获得世界足球先生头衔。他在国家队的地位也直线上升，除非35 m开外，不然小罗基本包办了禁区前沿的所有定位球，其脚头之精准也得到各方好评。更可怕的是巴西天王罚任意球往往不用助跑，以小腿发力就能完成所有工序，让对方门将无从判断球路。在那场世纪大战中虽然球队落败，但小罗罚出的绕过人墙的任意球让西甲头号门神卡西利亚斯根本来不及反应。

经典回放:2004年巴塞罗那主场与皇家社会一战，直到第90分钟巴萨还以0:1落后，小罗自己博得了一个禁区前任意球,距离有点近,但巴西人射出的任意球依然直窜左下死角。整个诺坎普疯狂了,既为在积分榜上超越老对头皇马,也为他们新国王的降临而抑制不住内心倾泻而出的激动。

罗伯特·卡洛斯

其貌不扬的巴西小个子卡洛斯有着一个神奇的左脚,他上肢短小,大腿粗壮有力,小腿摆动幅度隐蔽而迅速,依托强大的爆发力量主罚任意球。对手们绝不敢在禁区外轻易地犯规,因为这个神奇小子主罚的任意球和被判罚点球几乎没区别。此外,卡洛斯好像也在学习桌球斯诺克的嫁接球原理,通过人墙中第三者碰撞而让足球改变方向打进球门有时让人觉得是他刻意计算出来的,他不需要费事去躲避"人墙"封堵而可以直接考验"靶子"的反弹力。那血脉偾张、霸气十足的任意球正是这袖珍金左脚称雄世界足坛的金字招牌。

经典回放:1997年法国四国足球邀请赛上打入法国队球门的那个足以载入史册的40 m远石破天惊的外旋飞弹。赛后法国报纸因为无法解释卡洛斯是如何将那个飞向角旗的球变向打进球门,不得不以物理学角度调侃解释"根据牛顿第三定律,当某物体向右移动时,来自物体相斥的风速会对其起反作用。"

小儒尼尼奥

里昂实现不可思议的联赛四连冠,小儒尼尼奥是当之无愧的最大功臣。自打加盟法甲班霸以来擅长严谨组织调度的他就蜕变为法兰西赛场首屈一指的中场艺术家。同时,这个巴西人还是顶尖的任意球大师,据统计其每七次主罚定位球就有一次绕过人墙旋入球门,这个概率是何等可怕。卡恩应该是最清楚巴西人厉害的一个,冠军联赛中德国门神就被小儒尼尼奥的任意球肆意羞辱。就连公认的顶尖定位球高手阿松桑和卡洛斯都曾坦然承认同胞的绝艺在自己之上。小儒尼尼奥的任意球绝技依赖于天赋和感觉还有苦练,一直以来,每次训练之后至少加练20个任意球已经成为他的固定习惯。虽然在国家队他还属于配角式的人物,但在崇尚技术足球的法兰西,他是绝对的王者至尊。

经典回放:冠军联赛中小儒尼尼奥35 m处的任意球直接攻破不莱梅门将莱因克把守的大门,堪称传世经典,被公认为上届冠军联赛最佳进球之一,媲美小罗打进切尔西,加西亚打进尤文的那两脚魔幻进球。

米哈伊洛维奇

左脚外脚背的任意球抽射是米哈的拿手好戏,在距离球门40 m内的直接任意球射门无懈可击。米哈的任意球势大力沉,是角度刁钻而且旋转强烈的结合完美的艺术品。其主罚任意球的时候通常会尽可能用小腿发力,大腿摆动幅度非常小,让守门员无从判断球路,故而神鬼莫测。"我们已经问过欧足联在米哈伊洛维奇罚任意球时我们是否可以用两名门将,我认为那是唯一阻挡他的方法。"当年勒沃库森在欧洲冠军联赛上和拉齐奥队分在同一小组时,该队功勋教练道姆自我解嘲说。"米哈"的任意球功夫独步欧陆足坛,是亚平宁赛场打入直接定位球纪录的保持者,甚至我们想到米哈几乎第一印象就是注册商标式的任意球,反之亦然,几乎成了条件反射,而其"弹不虚发"见血封喉的准头也让对手胆寒。

经典回放:1999 年,米哈伊洛维奇在对桑普多利亚队的比赛中以直接任意球连中三元,创造了前无古人、后也难有来者的历史性壮举。

第五章
动作技术运动生物力学基础

【学习任务】

通过本章的学习,能够将运动生物力学基本理论与体育运动中的基本运动技术相结合,提高运动基本原理指导运动技术实践的能力。

【学习目标】

1.让学生了解走的基本运动生物力学特征,并能够正确分析走的技术的实效性,利用运动生物力学原理提高走的竞技运动成绩。

2.让学生了解跑的不同阶段基本运动生物力学特征,并能够合理分析跑的技术的实效性,充分利用跑的运动生物力学原理,提高跑的竞技运动成绩。

3.让学生了解跳的基本运动生物力学特征,并能够正确分析远度项目和高度项目技术的实效性,利用运动生物力学原理提高跳跃项目的竞技运动成绩。

4.让学生了解投掷的基本运动生物力学特征,并能够正确分析器械在不同姿态下空气的动力学效益,利用运动生物力学原理提高投掷项目的竞技运动成绩。

体育教学和运动训练过程中时刻也离不开运动生物力学的指导,力是运动人体加速和改变其身体运动状态的根本原因。在理想状态下,如果不受外力,被看成质点的人体及运动器械将一直保持初始的运动状态。然而,力在自然界中无处不在,使自然界呈现出纷繁复杂的各种现象。人非刚体,由不同结构基础的生物运动链组成的人体的运动更是十分复杂,而复杂的运动技术动作是在最基础的运动动作形式如扭转、推拉、缓冲、蹬伸等的有序整合,如网球比赛中的发球技术是由上肢的拉伸和鞭打动作组合而成。同样,运动动作系统的形成是由若干个单一运动技术动作按一定规律和形式组成为成套的技术动作。构建动作系统应按照人体运动行为的目的。例如,运动技术动作走、跑、跳、游、滑、划等,可达到人体空间的位置改变的目的;投、击打、踢等运动技术动作可实现运动器械的空间的位置改变。运动生物力学在人体各种动作技术中的应用具有重要的意义。

第一节 走的运动生物力学基础

直立走是人类上万年不断进化的最终结果,也是区分其他动物的特点之一。从技能学习与控制角度上来讲,走属于闭式运动技能的行为。从出生到死亡,人的走的行为从蹒跚学步到步伐铿锵,再到步履蹒跚,处于不断地学习,到无意识状态下完成达到自动化,再到有意识状态下的平衡,都离不开足、踝、膝、髋、躯干、颈、肩、臂的肌肉和关节协同运动。走既是人体结构与功能、行为与心理活动的外在表现,也是人体运动功能的重要组成部分。

一、走的运动生物力学特征

走是由单脚支撑和双脚支撑相交替,蹬摆相配合的人体基本的运动形式。从生物力学的角度看,走的内部因素由骨骼、关节、骨骼肌在中枢神经系统的支配下产生的,而外界环境因素则是人体与地面的相互作用。具有健全身体的人在走时,其空间位置随着时间有规律、有周期地变化。人体局部肢体的运动轨迹、速度、加速度也在走时体现出来。在走的生物力学特征上有运动学特征和动力学特征。

(一)走的运动学(参数)特征

走属于周期性动作,通常研究的步态周期称为复步,是指在走的过程中从一侧脚跟着地开始到该脚跟再次着地为止。在正常行走时,左右脚都经历一个与地面接触的支撑过程及离地前摆的摆动过程,一个步态周期通常由支撑时相和摆动时相组成。

常速行走时,支撑时相占整个步态周期的 60% ~ 65%(图5-1)。支撑时相有单侧支撑期和双侧支撑期。双侧支撑期：当一侧下肢进入支撑时相时，另一侧下肢尚未离地，两下肢同时负重。同理，当一侧下肢进入支撑时相，另一侧下肢离地时为单侧支撑期。双侧支撑期占全周期的30%左右，双侧支撑是走的基本特征，若出现无支撑的腾空现象，走就变成了跑。年龄、身体条件影响着单、双侧支撑时相所占的比例。而性别、身高等因素，对支撑时相和摆动时相所占的比例影响不大。支撑中期踝跖屈控制、中期至末期膝关节伸展和末期足跟抬起等是支撑相的影响因素。

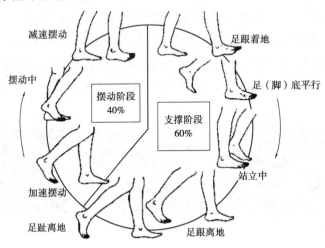

图 5-1　走的复步

（引自《运动生物力学》，陆爱云，2011 年）

摆动时相下肢适当离开地面，不但要保证肢体向前行进，更重要的还要防止人体跌倒。行走中千姿百态的具体行为受到摆动时相中前中期髋关节屈曲、摆动时相中期膝关节屈曲、摆动时相中后期踝关节背屈以及骨盆的稳定性的影响。

运动学是一门研究步行时肢体运动时间和空间变化规律的科学方法的学科。运动学参数指在行走过程中，与时间和空间相关的一些参数，包括时间参数、空间参数和时空参数等，是临床常用的客观指标，能够检测患者行走功能的一些基本变化。

1. 时间参数

时间参数是指与步行相关的时间事件，包括单步时间、跨步时间、步速、步频、同侧站立相和迈步相时间百分比、站立相各个分期所占步行周期时间百分比。

单步时间：是指步行周期中迈一步所需要的时间，即从一侧下肢足跟首次着地至对侧下肢足跟再次着地为止所用的时间，以 s 为计时单位。在正常情况下，双下肢的单步时间相等。如果双侧下肢单步时间不等，提示步态不对称。

跨步时间：是指完成一个步行周期所需要的时间，即从一侧下肢足跟着地至该下肢足跟再次着地所经过的时间，以 s 为计时单位，用于被试者之间或自身比较时，跨步时间通常采用百分比的方式表达。

步速：单位时间内行走的距离称为步行速度，以 m/s 表示，也可以用身高或下肢长百分比表示。正常人平均自然步速为 1.2 m/s 左右。

步频:单位时间内行走的步数称为步频,以 steps/min 表示。正常人平均自然步频为 95~125 steps/min。

同侧站立相和迈步相时间百分比及站立相各个分期所占步行周期时间百分比:在自然速度行走过程中,站立相时间约占步行周期的 60% ,迈步相约占步行周期的 40% 。行走过程中双下肢站立相、迈步相时间是相等的,在行走中表现为步态的对称性。在某些病理情况下,这种步态的对称性会发生改变。例如,偏瘫患者患侧下肢不能有效负荷体重,害怕摔倒,急于将身体的重量转移到健侧,此时患侧下肢站立相时间缩短,而健侧站立相时间则明显延长,在行走中表现为步态不对称。双下肢站立相时间之比,或迈步相时间之比,是反映步态对称性的一个敏感指标。在临床检查中,可以用这个指标来判断步态的对称性。

2. 空间参数

步态的空间参数包括步长、跨步长、步宽、足夹角等(图 5-2)。

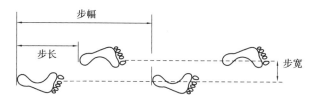

图 5-2　步态的空间参数

(引自《运动生物力学》,陆爱云,2011 年)

步长:行走时左右足跟或足尖先后着地时两点间的纵向直线距离称为步长,以 cm 为单位表示。左脚向前迈一步称为左步长,右脚向前迈一步称为右步长。步长与身高相关,身高越矮,步长越短,正常人步长为 50~80 cm。中国青年男性的步长为 55.0~77.5 cm ,女性步长为 50.0~70.0 cm。身高相同的男、女性,其步长无显著差异,且步长随着年龄的增大而下降。一步的概念还可以用时间来衡量,即单步所用的时间。正常人行走时左右侧下肢步长及时间基本相等。左、右步长的不一致性是反映步态不对称性的敏感指标。如果左脚向前迈一步,右脚随后向前跟进与左脚保持平行或落后,而不是越过左脚,则右步长为零或负值。病理步态如偏瘫步态的不对称性表现在健侧步长缩短,而患侧相对延长。

跨步长:又称步幅,是指同一侧足跟前后连续两次着地点间的纵向直线距离,相当于左、右两个步长相加,为 100~160 cm。被试者走直线时(绕圈行走例外),即便出现明显的不对称步态,左、右跨步长也基本相等。通过测量跨步长来判断步态的对称性与否是无效的。

步宽:是指左右两足间的横向距离,通常以足跟中点为测量点。步宽是反映步态稳定性的指标,步宽越窄,步态的稳定性越差。

足夹角:是指贯穿一侧足底的中心线(足的长轴,足跟中点到第二趾的连线)与前进方向所形成的夹角称为足夹角,通常用°表示。正常人的足夹角约为 6.75°。

3. 时空参数

时空参数是步行中髋、膝、踝关节运动规律(角度变化或位移、速度、加速度等)、身体重心的位置变化规律、骨盆的位置变化规律的反映。常用的参数有步态周期中不同时相的关节角度参数、关节角度曲线和角度—角度图。

关节角度参数包括:①首次着地时髋关节、膝关节、踝关节的角度;②站立相中髋关节、膝关节、踝关节的最大伸展角度,踝关节最大伸展角度定义为足尖离地时刻前一帧图像的角度;③足尖离地时髋关节、膝关节、踝关节的角度;④迈步相中髋关节、膝关节、踝关的节最大屈曲角度;⑤矢状面髋关节、膝关节、踝关节的角度变化范围。

髋、膝、踝关节在行走中的角度变化主要体现为在步态周期中的角度—时间关系曲线,单一的角度数值变化意义不大。通过对研究对象各关节在不同平面上活动的角度—时间关系曲线与正常人,或左右脚之间,或治疗前与治疗后不同时期的角度—时间关系曲线的比较,可以反映研究对象各关节的功能情况和治疗效果。角度—角度曲线可以形象地表现行走中两个关节间的协调关系,当神经、肌肉功能异常时,角度—角度曲线也出现异常,表明两侧下肢的协调性差。

髋关节运动曲线:髋关节屈曲角度在迈步相中期达到顶点,并保持到站立相开始。足跟离地到足趾离地这一期间,髋关节伸展角度达到峰值,随后髋关节角度再度屈曲。

膝关节运动曲线:在一个步行周期中,膝关节出现了两次屈曲和伸展,足跟着地前即迈步相末期,下肢伸展进入站立相早期后小幅屈曲,即膝关节屈曲。站立相中期再度伸展,随后膝关节再度屈曲,并在迈步相早期达到高峰,这时膝关节屈曲角度达到60°。如果这时膝关节屈曲角度受限,会影响小腿向前的正常摆动。

踝关节曲线:踝关节曲线最明显的特征是在步行周期60%阶段,也就是足底离地时,踝关节跖屈约达到20°。有利的跖屈,保证人们在行走过程中身体能够有力向前移动,才能保证正常的行走速度。

骨盆移动可以被认为是重心的移动。正常成人在步行时身体重心的位置在骨盆的正中线上,从下方起男性约为身高的55%,女性约为身高的50%。步行时重心的上下移动为正弦曲线,在一个步行周期中出现两次,其振幅约为4.5 cm,最高点是支撑中期,最低点是足跟着地;骨盆的侧方移动也是正弦曲线,在一个步行周期内左、右各出现一次,其振幅约为3 cm,最大移动度是在左、右足处于支撑中期时出现的,在双足支撑期重心位于左右中间。

(二)走的动力学(参数)特征

动力学分析是对步行时作用力、反作用力强度、方向和时间的一种研究方法。动力学参数指与步态有关的力学参数,包括地反力、关节力矩、人体重点心、肌肉活动等,通过上述参数的分析可以揭示特异性步态的形成原因。

1. 地反力

地反力是指人体在站立、行走和奔跑时,足底作用于地面而产生的大小相等、方向相反即作用于足底的力,也称足—地接触力。地反力分为垂直分力、前后分力和内外分力,可通过力平台测得,通常可按垂直、前后和左右方向作三维记录。前后分力所反映的是支撑腿的驱动和制动能力,内外分力反映侧方负重能力与稳定性,垂直分力反映行走过程中支撑下肢的负重和离地能力。临床应用时,主要观察力—时间曲线的特征,即谷峰值、谷值的出现时间和幅度的变化。行走时足—地接触力在垂直方向上的分力最大,在每个步态周期转折点出现极值,足跟着地时有一极大值,随着足部逐渐放平,受力面积逐渐增大,受力减小,足部完全放平时受力达最小,至足跟离地,足趾蹬地时出现另一极大值,即在整个步态周期中,垂直方向受力曲线具有典型的对称双峰性质。正常人足—地接触力在水平、前后方向受力较小,且基本对称。研究认为不同年龄人体的足—地接触力无显著性差异。

2. 力矩

物理学上力矩是指使物体转动的力乘以到转轴的距离。公式为力矩(M) = 力(F) × 距离(d)。在人体中力矩是使一个关节发生转动的力,又称关节力矩,主要是肌肉作用的结果。力矩是肌肉、韧带和摩擦力作用的最终结果,在正常步态中,关节角度并不达到其运动范围的终点,摩擦力也非常小。当主动肌与拮抗肌肌肉力量失衡时,维持正常关节运动的力矩将发生改变。关节力矩包括伸展力矩、屈曲力矩和支持力矩。支持力矩是髋、膝、踝关节力矩的代数和,是保证站立相支撑腿不打软的支撑力。

3. 身体重心的加速度

人体重心位于第二骶骨前缘,两髋关节中央。直线运动时该中心是身体摆动幅度最小的部位。行走时人体重心不仅在水平方向,而且在垂直方向上不断改变着位置和速度。其中,身体重心在垂直方向的速度变化与各关节及其活动肌肉的力学状况有密切关系。例如,分析一侧膝关节在行走期间的关节内力时,需要分析膝关节以上身体各部分重心的位置和加速度变化,有关的参数值是进行下肢膝关节受力分析时必不可少的基础数据。

4. 步行中下肢肌群活动

步行的动力主要来源于下肢及躯干的肌肉作用,在一个步行周期中,肌肉活动具有保持平衡、吸收震荡、加速、减速和推动肢体运动的功能。

(1)股四头肌

股四头肌属跨双关节肌,起屈髋伸膝作用。两处股四头肌收缩活动,一处发生在步行周期的前20% ,始于迈步相末期到站立相预负重期,也就是负荷反应期达到了峰值。此时骨四头肌作为膝关节伸肌发挥作用。第二次收缩活动发生在足跟离地后,足尖离地后收缩达到高峰,此时兼有屈髋伸膝作用。

(2)腘绳肌

腘绳肌由外侧股二头肌和位于内侧的半腱肌构成,也属跨双关节肌群,作用是伸髋屈膝。腘绳肌收缩始于上一个周期迈步相末期,作为屈膝肌。腘绳肌离心性收缩,使向前摆动的小腿减速,其目的为足跟着地作准备。当足跟着地后,腘绳肌又作为伸髋肌协调臀大肌伸髋,当站立中期过后,双侧下肢向前迈步,躯干前倾,为了防止过度前倾,腘绳肌发挥伸髋的作用。

（3）腓肠肌

小腿三头肌包括腓肠肌和比目鱼肌。腓肠肌与跨膝关节和踝关节的肌肉使髋关节跖屈,当踝关节负重并固定时,腓肠肌收缩可以牵拉股骨下端和胫骨上端向后,使膝关节被动伸直。行走过程中,作为踝关节跖屈肌,在足跟离地蹬离动作中,腓肠肌向心性大力收缩达到高峰,峰值发生在足跟离地时,随之产生爆发性踝关节跖屈,产生有力的蹬地动作,从而将身体重心有力地向前推进。

（4）胫前肌群

胫前肌属踝关节背屈肌。行走中足跟着地时,胫前肌产生离心性收缩,以控制踝关节跖屈度,防止在足放平时出现足前步拍击地面的情况,而在足趾离地时,胫前肌再次收缩控制或减少此时踝关节的跖屈度,保证足趾在迈步相能够离开地面,使足廓清动作能够顺利完成。当发生胫前肌麻痹时,病人在足跟着地期会出现拍击地面声音,又因在摆动相不能有效背屈踝关节,而出现足下垂。为代偿足下垂,病人必须高抬腿才能够完成迈步动作。

二、竞走技术的生物力学分析

竞走是建立在行走基础上的一种竞技运动,具有明确的技术规范性。竞走是运动员与地面保持接触、连续向前迈进的过程,没有肉眼可见的双脚离地,前腿从触地瞬间至垂直部位应该伸直(即膝关节不得弯曲)。

(一)步长与步频的稳定性

影响竞走成绩的主要因素为步长和步频。步长与步频的相互作用决定竞走的运动速度。步长是后脚脚尖到前脚脚尖之间的距离,步长影响动作技术结构的稳定性,合理稳定的步长对竞走成绩有很大帮助。步频是合理稳定步长的重复次数,在合理稳定步长条件下,步频不会改变竞走正确技术动作的结构,只能改变正确技术动作的重复次数。固定合理稳定的步长、加快步频是现代竞走技术的发展方向。

(二)单步腾空时间的长短

生理学实验研究发现,人的肉眼成像的时限需要 42 ms(1/24 s)左右。将此原理与竞走技术相结合,通过运动图像解析发现:腾空时间 42 ms 以下为合理腾空时限,腾空时间为 42~70 ms 是模糊腾空时限,腾空时间大于 70 ms 为犯规腾空时限。如果竞走技术连贯、协调、轻松,尤其是足跟着地时膝关节充分伸直,步频控制在一定范围内(一般不超过 200 steps/min)不容易被判罚"腾空"技术犯规。控制合理的腾空时间,以及连贯、协调、轻松的动作技术,是竞走运动员训练的又一关键技术。

（三）身体重心垂直位移的幅度

身体重心在垂直方向的位移是竞走运动中至关重要的技术指标，是造成"腾空"技术犯规的重要判罚依据。重心上下起伏越大，腾空时间越长，则越容易被判腾空犯规。裁判员用肉眼观察不清的身体重心上下起伏的距离应为 5 cm 左右。目前世界高水平竞走运动员身体重心上下起伏的范围在 7 cm 以下。由于躯干是人体运动的主体，头部上下波动是裁判员裁决"腾空"的重要标志，因此，竞走运动员在整个竞走过程中的躯干应尽量保持正直状态，以保证头部保持在垂直状态。为防止头部位置上下起伏，运动员躯干只是在蹬离地面的瞬间稍向前倾，并且躯干前俯角与后仰角控制在 5°之内，同时，躯干左偏角、右偏角在 7°以内。

（四）着地角的大小

竞走运动员在一个步态周期中，当脚离地时，瞬时身体重心位移速度最大，当前支撑着地过渡到垂直阶段时，瞬时身体重心位移速度最小。此间的速度损失率可以作为一个重要技术指标，影响速度损失率的主要因素是着地角的大小。着地角较大可以产生较小的制动，速度损失率相对较小，但着地角过大，就会使着地点离身体重心投影点过近，从而影响步长。着地角较小，水平速度的损失率可能多一些，但却有利于增大步幅和保持动作的稳定性。

第二节　跑的运动生物力学基础

跑不仅是田径运动中的一个项目，还是许多竞技体育项目的重要组成部分。跑和走的一个显著区别是在一个步态周期中是否出现双脚腾空，有腾空现象出现的是跑，没有腾空现象出现的是走。作为闭式运动技能，跑具有典型的周期性运动特征。在单纯跑的竞技类项目比赛中，最好的体能加上最好的跑动技术，就可以创造出优异的运动成绩。

短跑是全身性运动，要求充分挖掘和发现运动员相关肌群的最大爆发力，并使这些肌群协调配合，用最少的时间完成比赛距离的运动项目。采用运动生物力学原理分析短跑技术，可揭示跑的一般动作规律。为更好地分析短跑技术，把跑的技术分成起跑阶段、途中跑阶段以及冲刺跑阶段 3 个部分。

根据田径比赛规则，短距离（400 m 及以下）跑的起跑姿势必须采用蹲踞式起跑，中长距离（400 m 以上）跑的起跑采用站立式。由于短跑项目比赛经常在 1/100 s 决定胜负，因此起跑技术对运动员全程跑成绩的影响极为显著。

采用蹲踞式起跑姿势有 3 点优势：①通过减小人体跑进方向的稳定角，促使人体快速寻求跑进方向的最新平衡，而快速向跑进方向提膝放脚；②可以使双下肢动力肌群进行不同程度的预先拉长，使两腿相关肌群提高肌肉的弹性势能，从而为收缩时产生更大的力量；③增大蹬地时的水平分力，使起跑时的水平速度分量更大。

1.起跑瞬间的运动生物力学分析

在蹲踞式起跑双手离地瞬间，身体的平衡状态被打破，再加双脚蹬离起跑器又获得巨大的向前水平分力，使人体重心迅速前移，此时，双脚必须快速向前交替移动以获得新的运动方向上的平衡。由于重心投影点一直位于双脚触地点的前面，双腿的蹬力只产生水平推进力，不会产生水平制动力，这样就会产生很大的向前加速度。一般情况下，高水平运动员身体重心至起跑线的水平距离较短，双肩垂直投影点位于起跑线前，两臂承受的体重较大，获得蹬起跑器水平分力也较大。

在双腿依次蹬伸结束时，膝关节不会完全伸直，膝角一般为 150～165°。其原因是当膝关节从 165°角伸展到 180°角时，影响腾空后屈膝摆动，胫骨关节面向股骨关节面曲率半径大的那部分滑动，使膝关节与髋关节之间的距离缩短。

起跑蹬伸过程中的双侧踝关节的活动幅度都较大(34°～38°)，小腿三头肌的收缩幅度小，踝关节的活动主要由小腿三头肌肌腱的弹性变形与复原完成，要求踝关节的肌腱有非常好的弹性和强度。弹性好可以在缓冲阶段储存更多的能量，强度大在蹬伸阶段可为髋膝关节肌肉的蹬伸力的发挥提供很好的支撑。在起跑蹬伸过程中髋关节参与工作较少，只有进入途中跑时，髋关节才在扒蹬阶段开始时进行伸展。

2.途中跑技术运动生物力学分析

途中跑在短跑中占的比例最大，是跑步项目中影响成绩的关键环节。途中跑的自身节奏是维持较快较高的速度的前提，影响自身节奏快慢的因素有步频、步长及其组合等。正确的途中跑姿势可以节省跑步时间。步长和步频是影响跑步速度的两个要素，空气阻力也会对跑步速度造成一定影响。

跑可以分为支撑阶段(也称扒蹬阶段)和腾空阶段。支撑阶段是指单脚着地支撑到该脚支撑离地时为止；腾空阶段是指单脚支撑离地开始到另一只脚着地时为止。从跑的技术原理可知，较小的着地距离可增大蹬地角度，减小阻力，有利于发挥跑步的速度，但着地距离小，会在一定程度上影响步幅长度，因此要合理搭配步长和步频。

步长是研究较多的生物力学参数之一。步长(也称"单步"步长)是左、右脚的着地点在运动方向上的水平距离，是着地距离与腾空距离之和。下肢长度是决定步长的因素之一。

步频是指单位时间内完成的步数。增加步频主要靠支撑阶段的动作来实现。世界上优秀运动员的支撑时间较长，支撑阶段所用的时间也较长，所占支撑时间的百分比也较大。

步长和步频一般随跑速的增大而提高，但并不是呈线性关系。可以看出，当跑速初始增大时，步长增加比步频大，当达到非常高的速度时(约 9 m/s)，步长不再增长，并有减小趋

势,步频还可加快。研究发现:世界水平的男子短跑运动员步长和步频指数如下:

步长指数:平均步长/身高≥1.15　　　步频指数:身高×步频≥8.1

最大步长/身高≥1.24　　　身高×腿长≥4.34

平均步长/腿长≥2.16

最大步长/腿长≥2.24

跳跃的运动生物力学基础

第三节

跳跃是运动员运用自身能力或借助一定器械,通过合理的身体姿势变化,让人体腾跃最大高度与远度的运动,也是人体的基本运动技能之一。它既有周期性动作,又有非周期性动作,属于复合式运动项目。跳跃分为高度跳跃和远度跳跃。

根据抛体力学原理,影响跳跃成绩的因素除了空气阻力的环境影响因素外,跳跃成绩还受助跑、起跳环节影响。

1.助跑速度对腾起高度的影响

跳高、跳远、撑竿跳和三级跳远等项目中,助跑、起跳等技术环节以及两者之间的转换衔接都会影响运动成绩。在助跑作用下,起跳结束时,人体运动的水平速度均减少(跳远减少10%～15%,跳高减少60%以下),同时伴随垂直速度增加。踏跳技术直接影响水平速度转化为垂直速度,从而影响起跳高度。助跑速度对人体腾起速度有十分重要的影响。

2.助跑速度对起跳的影响

从一定角度来讲,起跳可以看作助跑阶段的延伸,完善的助跑速度最佳化与起跳技术的衔接是运动员技术能力的综合体现。助跑速度会对起跳时间的长短有一定影响。在其他条件(如起跳动作幅度)不变的情况下,缩短起跳时间能提高跳跃的高度或远度。

起跳脚落地瞬间,地面反作用力中制动分力的冲量作用是起跳过程中身体运动速度损失的主要原因。制动冲量随助跑速度的变化而改变且呈正相关关系。增加助跑速度,将增大起跳腿的肌肉载荷,引起肌肉收缩力(退让式收缩)的相应增加,最终增加了起跳力。

3.助跑提高肌肉的弹性势能

助跑可以使人体获得水平方向的速度,使内部能量转化为动能。通过起跳的缓冲动作,重心下降,下肢肌肉收缩,把动能转化为肌肉弹性势能存储起来。助跑速度越大,地面的制动及起跳腿的载荷也越大,肌肉的弹力和弹性势能就越大。

投掷的运动生物力学基础

投掷是运动员借助身体自身的能力,通过合理的运动形式,将指定器械进行抛射并获得最大远度的运动项目。国际上各种级别的比赛中所设投掷项目包括标枪、铁饼、铅球等。虽然投掷所用器械形状、投掷方法各不相同,但它们都包括 4 个紧密衔接的阶段,即准备阶段(包括握持器械和准备姿势)、预加速阶段(包括助跑、滑步和旋转)、最后用力阶段和结束阶段。上述 4 个阶段中,最后用力阶段是投掷动作的关键。

1.影响投掷成绩的因素

投掷器械的质量和形状不同,器械出手后受空气作用的影响也不一样。铅球和链球质量较大,体积较小,且呈球形,受空气影响不明显,这两个项目成绩主要由出手高度、出手角度和出手速度决定。标枪和铁饼形状特殊,飞行过程中受空气影响较明显,这两个项目成绩除受上述 3 个主要因素影响之外,器械出手时刻的姿态(迎角、姿态角)、运动状态(如标枪的旋转及俯仰角速度、铁饼的旋转速度)及其物理特性(如标枪的固有震动频率、转动惯量以及重心与空气压力中心的位置等)也对投掷远度有一定影响。

出手速度是影响投掷成绩的重要因素,根据抛物线原理,远度与出手速度的平方成正比,所有的投掷训练几乎都是围绕着如何提高器械的出手速度进行的。出手角度是器械出手瞬间,速度方向与水平面间的夹角。由于器械出手高度与落地点没有在同一个水平面上(出手点与落地点的连线与水平地面间的夹角称为地斜角),所以理想的器械出手角度不应是 45°。目前研究认为,4 种投掷项目适宜的出手角度为:铅球 38°~42°、链球 42°~44°,标枪和铁饼 30°~36°。出手高度与运动员身高、臂长和完成最后用力的动作质量有关。在其他条件相同的情况下,器械出手高度越高,所投的远度越大。空气阻力对投掷器械的出手速度成反比,器械出手后,迎面的气流会对器械产生升力和阻力,升力可以延长器械的飞行时间,有时小逆风情况下,标枪和铁饼成绩比无风或小顺风稍好。

2.投掷运动的基本原理和规律

投掷运动是多器官多组织参与活动,需要将力的作用合到一起。在投掷活动中身体各部分的活动表现出一定的规律性,这些规律与原理主要体现在以下几个方面:①人体运动时大关节先启动,根据动作的结构要求小关节随后依次活动的原理称为关节活动顺序性原理。按照由下而上的顺序进行活动且大关节带动小关节。②在投掷之前的超越器械动作会进行相关肌肉的预拉长,使弹性势能增大。投掷时,肌肉超等长收缩,肌肉内部和储存的弹性势能同时作用,产生更大的动能,这称为预先拉长肌肉作用原理。③投掷时肩关节转动前,应当尽量减小手臂的转动惯量,这叫转动惯量最小化原理。如在投掷标枪中,最后用力阶段开始时肘关节屈曲,以减小肘臂和标枪绕肩关节转动的转动惯量,从而增大肩关节转动速度,最后提高鞭打用力效果。

3. 投掷助跑的生物力学分析

助跑可以使运动员在投掷时具有初始动能,改善投掷条件,增加投掷远度。助跑可以增大投掷时器械的初速度、提高肌肉的弹性势能,并为人体动量向器械转移创造条件。

通过助跑可以使身体与投掷物具有一定的运动速度,两速度在出手方向上叠加,增加了器械的出手速度。如铅球的投掷成绩为 20 m 时,其出手速度为 15 m/s。其中,通过滑步铅球获得 2.5 m/s 的速度,通过投掷获得 12.5 m/s 的速度。

超越器械动作,从形态上看是把器械留在身体后面,增大投掷用力的"工作距离",而从肌肉工作性质上看,是使肌肉在做投掷动作之前,先做退让性收缩。如超越器械时运动员所做的"背弓",躯干及整个身体的扭转,使进行投掷用力的肌肉拉伸产生肌肉弹性势能。助跑使身体获得动能,在做超越器械动作时有部分转化为肌肉的弹性势能,而在投掷最后用力过程中释放,增大了器械的出手速度。

助跑后的人体具有一定大小的动量,运动员在外部动量与内力的共同作用下,将力传至器械,实现动量转移。

第五节 游泳运动的流体力学分析

人体在水中的运动目标和运动器械一样,都是为了增大推进力,减小阻力。

一、人体在水中受到的阻力

人体在水中运动时受到的阻力一般是摩擦阻力、压差阻力、兴波阻力及惯性阻力。

(一)摩擦阻力

游泳时人体受到的摩擦阻力是水与人体表面之间的摩擦力。摩擦阻力主要取决于人体的浸水面积、游泳速度以及表面的粗糙程度等。即 $F_\mathrm{D} = \frac{1}{2}C_\mathrm{D}\rho A v^2$($F_\mathrm{D}$ 为流体的阻力;ρ 是流体的密度;C_D 为阻力系数;A 与运动物体的形状有关,为与流动流体相对的正面投影面积,即迎截面积;v 为人体或器械相对于流体的运动速度)。摩擦阻力使游泳者速度慢下来,并增加能量消耗。游泳速度较小时,黏滞阻力是摩擦阻力的主要来源。对游泳运动员的实测数据表明,当游进速度大于 1 m/s 时,摩擦阻力不超过总阻力的 15%。随着游进速度的提高,摩擦阻力所占的比例相对会减小。光滑的表面和对泳衣的特殊设计有助于减小人体表面与水之间的摩擦阻力。

(二)压差阻力

压差阻力主要是由于流动时流束变形以及涡旋的出现等原因,在物体的前方和后方产生压强差引起的阻力。压差阻力与运动员的体形、姿势及游进的速度有关,与身体的形状关系最大,也称为形状阻力。

压差阻力在不同的条件下,可以比摩擦阻力大很多,也可以很小,甚至可以小到接近于零,主要是看流体能否紧贴着运动物体表面流动。例如,游泳时头和身体不在同一水平面上,运动员身体纵轴与水流速度方向之间的夹角将增大,即身体的迎截面积增大,使形状阻力增加。赛艇、自行车头盔等都采用流线型设计(图5-3)。

图 5-3 流线型设计

(三)兴波阻力

人体游泳时部分身体浮出水面进行划臂和打腿,游进时破坏流体的平衡而在自由液面产生波浪所引起的阻力为兴波阻力。运动员游进速度较快或划臂和打腿的动作都会使波浪破碎,破坏了水面平衡产生波浪消耗能量。研究资料表明,兴波阻力在总阻力中所占的比例随游速的增加而增大。潜泳可以减小或避免兴波阻力,游泳比赛规则规定了出发后潜泳的限定距离。

(四)惯性阻力

惯性阻力是指流体非定常流动或运动物体在流体中做加速运动所引起的阻力。当人体在静止的水中做加速游进时,会带动周围一部分水一起运动,即周围的水也被加速,人体的惯性也增加了这一部分,从而消耗更多的能量造成阻力。这部分水可以看成运动人体的"附加质量",这个质量有时相当可观,会额外地消耗能量。在水中游泳时要注意动作的连贯性,特别是在长距离的游泳中,应尽量用较稳定的速度运动。

二、人体游泳时的推进力

人体在游泳时的推进力主要来自人体肢体与游进方向相反的划水、蹬水、夹水动作,人体在动作过程中受到水对人体的反作用力,从而使人体获得前进的动力。以自由泳为例,游泳运动员靠上肢的划水动作和下肢的打水动作获得游泳的推进力,尤其是手划水动作是推进力的主要来源。游泳推进力主要是讨论升力和阻力在推进力中所占的比例及其作用、划水的合理路线,从理论上为游泳的技术训练提供依据。

(一)游泳时手的力学分析

游泳推进力的本质是依靠肢体动作产生的升力和阻力,其大小分别用下列两式表示为

$$L = \frac{1}{2} C_{\mathrm{L}} \rho S v^2$$

$$D = \frac{1}{2} C_{\mathrm{D}} \rho S v^2$$

式中,C_{L} 为升力系数;C_{D} 为阻力系数;ρ 为水的密度;S 为手的迎截面积(假设面积一定,为手的表面积);v 为手在水中的划水速度。由上两式可知,游泳时受到的升力和阻力与手的升、阻系数及手的表面积成正比,而与手的划水速度的平方成正比,即划水速度对推进力起着重要的作用。如果划水速度是原来速度的两倍,则推进力是原来的4倍。同时,游泳运动的阻力也随之增加,会降低整个身体的游进速度。合理的划水路线,不能只考虑单纯利用阻力的直线划水技术,还要考虑既利用阻力,又利用升力的曲线划水技术。

若采用直臂划水技术,手只有在垂直于身体方向时划水效率最高,其余角度则效率低,且过长的划水力臂较为费力,较好的划水技术是屈肘划水以缩短力臂。由牛顿第二定律可知,手的质量不变,增大加速度可获得较大的划水力,划水时应加速划水,以获得较大的推进力;根据动量定理,手划水时间越长,获得的冲量越大,划水路线宜长,一般为 S 形划水。

假如在静水中划水,如果路线不变是直线划水的话,只能在划水之初划到静水得到推进力,在划水的后半段,因水与手一起向后移动,没有或少有推进力,较好的技术是屈肘由不同的深度、路线划水(如 S 形),以划到最多的静水,获得最大的推动力。

有研究证实,在水中直立时手掌的角度与手前进方向成40°时,向上的推举力最大,自由式的划水最有效的方式是,像螺旋桨一样地划水,且随时调整手掌角度,以获得最大的推进力。

(二)游泳时打腿动作的力学分析

打腿(打水)在游泳整体配合技术中起重要的作用,也是游泳推进力的主要来源之一。其理论基础是莱特希尔的卡门涡街原理(在一定条件下的定常来流绕过某些物体时,物体两侧会周期性地脱落出旋转方向相反、排列规则的双列线涡,经过非线性作用后,形成卡门涡街。如水流过桥墩,风吹过高塔、烟囱、电线等都会形成卡门涡街),如图5-4所示。

图5-4　游泳打腿产生的反向卡门涡街

按照惯性思维,人体运动时要减少涡旋的产生,因为涡旋的产生会破坏流线,增加能耗。但打腿产生涡旋是推进力的来源。以自由泳为例,根据卡门涡街理论,当脚在最高位置时,向下击水,产生逆时针方向的涡旋,给蹼下方的水一个向后的冲量,水给人体一个向前的反作用力;而当脚蹼在最低位置时,向上击水,产生顺时针方向的涡旋,给蹼上方的水一个向后的冲量,则水给人体一个向前的反作用力,这就是游泳时的推进力。流体在流过物体时产生的卡门涡街是阻力,而游泳打腿产生的涡旋方向和卡门涡街产生的涡旋方向相反,因此,打腿时的产生的涡旋为动力。

游泳的鞭式打水要领是:当打水的小腿尚未达到身体中线时,大腿先抬起来,带动脚尖(绷紧)迅速向下鞭水,反之亦然,这与鲸、海豚和鱼类的尾鳍的摆动相同的道理,是为了产生所需要的涡旋。

三、游泳运动的运动生物力学特征

1. 有效地利用升力和阻力,产生较高的反作用力

有效的划水方式是采用复杂的曲线运动,过程中运动员通过不断地改变手、前臂的倾斜以及运动的方向,以便升力和阻力合成一个较高的反作用力,产生有效的推进力。

2. 手臂划水中的"高肘"姿势

手臂划水采用"高肘"姿势是合理的游泳技术明显的特点之一。从流体力学的观点来看,手-前臂相对于肩先转动,使环节在水流中以最有效的形状和位置工作(手和前臂的表面积和动力系数),产生较大的反作用力。关节运动也使肌肉拉紧,抗拒较高的流体反作用力值。

3. 保持动作周期的连贯性

游泳是一个周期性运动,游泳时在用力阶段后,需要还原四肢初始的工作姿势,与初始动作交替进行。在还原阶段,受到的是流体的阻力和惯性,直到下一个游泳周期的用力阶段开始为止,游速减小。周期内游速的波动不可避免,这种波动会增加游泳者的能量消耗。通过缩短还原动作的时间、增加划水动作的幅度和频率、改进手臂和腿动作的时序,即保持动作的连贯性,尽量减少速度的波动。

4. 减小流体的阻力和反向作用力

摩擦阻力和压差阻力均与物体的形状有关,通过改进技术动作会减小压差阻力。肢体回程动作阻力的产生,仍是摩擦阻力、压差阻力、兴波阻力和惯性阻力作用的结果。通常,优秀的游泳运动员与普通游泳运动员的根本差别之一是减小流体阻力的能力。游泳时头和身体与水平方向的夹角都影响所受到的流体阻力,游泳者必须保持合理的流线型身体姿势,尽可能地减小压差阻力与兴波阻力。

5. 游泳时涡旋的产生不是起阻碍作用

如何产生合理的涡量强度,以保证所产生的推进力足以克服阻力,同时避免出现过强的涡旋,减少能量损失,给运动技术的改进提供了一个新的视角。

6. 划水频率与划水幅度的比率

划水频率是单位时间内完成的完整划水次数。划水幅度是游泳者一次划水,或一个完整的游泳周期运动的距离。游速等于划水频率和划水幅度的乘积,划水频率与划水幅度的不同组合,都能获得相同的游速。但是太高的划水频率会妨碍游泳动作的协调性,当频率较高时,动作还原时肌肉不可能相对充分放松,而使运动员很快进入疲劳状态。

本章小结 —— 本章主要分析了体育运动中常用的基本运动技能走、跑、跳、投掷的运动生物力学特点,介绍了影响走、跑、跳、投掷四项基本运动成绩的影响因素,并分析了各自的运动学和动力学成因,同时,提出如何依据基本生物力学规律,指导走、跑、跳、投掷等项目的训练。

回顾与思考 —— 1.简述影响竞走成绩的因素。

2.如何利用运动生物力学原理,提高短跑起跑技术?

3.在跑步时,如何合理处理步频、后扒力与步幅的关系?

4.如何在跳跃项目中合理利用肌肉的弹性势能提高运动成绩?

5.简述投掷项目中超越器械的生物力学依据。

历史事件回顾

投掷项目世界纪录的演变之标枪

掷标枪早在古希腊奥运会上已列为比赛项目。1886年,在斯堪的纳维亚国家(芬兰、瑞典)的运动会上,瑞典运动员以35.81 m的成绩夺冠,1906年,掷标枪被列为国际正式比赛项目。1908年9月,两届奥运会冠军瑞典运动员埃·勒明以62.32 m的成绩创造了第一个世界纪录。

随着田径运动的蓬勃发展以及科学技术在田径运动中的不断运用,掷标枪技术由古代发展而来的原始投掷技术不断得到改革而逐渐完善。掷标枪是一个比较复杂的多轴性旋转项目,用单手握住一根长2.2~2.7 m的梭性流线体金属枪,由肩上持枪经过一段预先助跑连接投掷步获得动量,通过爆发式的最后用力作用于标枪的纵轴上,将标枪经肩上投出去。掷标枪技术的演变是非常有趣的,在古代,可以在标枪上缠绕皮带帮助用力,可以用手指顶在标枪的尾端进行投掷,还有加助跑的投远和原地投准。持枪法由过去的肩下携枪助跑,发展为现在的肩上持枪助跑。握枪法由古老的钳式握法,发展为现在的现代式握法。投掷步由过去的"单足跳""后交叉"发展为现在的"前交叉"。现代的投掷技术,有利于投掷步的加速,表现出良好的超越器械,加长了投掷的工作距离,并能很好地沿着标枪纵轴用力。事物在不断地发展,人们在探讨更为合理的技术过程中,尽可能在使掷标枪技术符合人体解剖结构的形式和生物力学的原理,研究更新的投掷技术。

男子标枪成绩从 60 m 提高到 70 m 用了 16 年,从 70 m 提高到 80 m 经历了 25 年。第一个把标枪掷出 70 m 外的是瑞典运动员埃·吕德奎斯特,1928 年,他创造了 71.01 m 的世界纪录。破纪录次数最多的是芬兰运动员马·耶尔维宁,1930 年到 1936 年,他 10 次刷新世界纪录。这一时期,他垄断了这项纪录,成绩从 71.57 m 提高到 77.23 m。他的祖国芬兰被称为"标枪之国"。继耶尔维宁之后,芬兰另一位选手于·尼卡宁在 1938 年 8 月和 10 月先后以 77.87 m 和 78.70 m 两次刷新世界纪录。受第二次世界大战的影响,此后的 15 年中标枪成绩一直停滞不前。

由于器械、场地的不断改进,运动员训练水平和身体条件的不断提高,男子标枪成绩从 80 m 提高到 90 m 只用了 11 年时间。第二次世界大战以后,首次打破这一项目沉寂局面的是美国选手布·赫尔德,他于 1953 年一举突破了 80 m 大关,以 80.41 m 创下新的世界纪录。他的成功主要是完善了标枪的性能,他退役之后,与哥哥一起开设了赫尔德标枪公司,成为世界三大标枪厂家之一。1983 年,他为美国运动员汤姆·佩特拉诺夫设计了"赫尔德型"标枪,使得佩特拉诺夫一举创下了 99.72 m 的世界纪录。

这一时期,空气动力学已在标枪运动中得到很好的应用,提高了标枪的滑翔性能。1984 年 7 月 20 日,民主德国运动员乌威·霍恩在柏林的一次比赛中,标枪出手后像长了翅膀一样久久没有落地,当标枪飞到 90 m 上空开始下落时又碰到上升气流,标枪再次升起,又继续滑翔了一段才俯冲落地,最后他以 104.80 m 创造了惊人的新世界纪录,将 99.72 m 的纪录提高了 5.18 m。这一成绩让国际田联不得不作出决定,为安全起见,自 1986 年 4 月 1 日起,男子标枪的中心前移 4 cm。就这样,霍恩的这一枪宣判了滑翔性能标枪的"死刑",霍恩的成绩也成了永久的世界纪录。

新型标枪出现后,英国选手巴克利于 1990 年 7 月 20 日在伦敦创造了 90.98 m 的新世界纪录。芬兰选手扬·泽莱兹尼 1992 年将其改写为 94.74 m,接着于 1993 年 4 月 6 日在南非的彼得斯堡又创造了 95.54 m 的新纪录。1996 年 5 月 26 日,他在耶拿举行的"奥林匹克日"田径赛上将纪录又提高到 98.48 m。

女子标枪 1920 年才在世界上逐渐推广,到 1932 年第 10 届奥运会时才被列为国际比赛项目,当时美国运动员以 43.68 m 的成绩取得冠军。但在这届奥运会之前,美国选手金德尔创造了第一个世界纪录 46.74 m。

在 20 世纪 60 年代初期,苏联选手 E.奥卓林娜成为这一项目的代表人物。她曾三次打破世界纪录,其中,61.38 m 是世界上第一个突破 60 m 大关的成绩,但未被批准为正式的世界纪录。1972 年 6 月 11 日,民主德国选手鲁特·富克以 65.06 m 的成绩打破世界纪录,当年奥运会夺冠后,她又三次打破世界纪录。1979 年她以 69.52 m 的成绩再创世界纪录,

1980 年,33 岁的她将纪录再次提高到 69.96 m。1985 年 6 月 4 日,民主德国选手佩德拉·菲尔克以 75.26 m 和 75.40 m 的成绩两次刷新世界纪录,首次突破 75 m 大关,1987 年 7 月 29 日,她又以 78.90 m 的成绩再破世界纪录,1988 年 9 月 9 日,她在波斯坦创造了 80 m 的惊人纪录。

从 1999 年起,女子标枪的中心也被前移了 3 cm,目的是降低和限制标枪成绩。在 1999 年西班牙塞维尔欧洲田径赛上,希腊选手特泽利尼创造了 67.09 m 的新世界纪录。在同一比赛中,1993 年和 1997 年世锦赛女子标枪冠军挪威选手哈特斯塔德掷出 68.19 m 的成绩,但她未能通过禁药检验,遭世界田径联合会判决成绩无效。2000 年 6 月 30 日,在意大利罗马进行的国际田联黄金联赛中,她在第四次试投中投出了 68.22 m 的新纪录,将原世界纪录提高了 1 m 多。2000 年 7 月 29 日,在黄金联赛奥斯陆站的比赛中,她在最后一轮中奋力一掷,将自己的纪录又提高到 69.48 m。2001 年 7 月 1 日,古巴选手奥斯莱迪斯·梅嫩德斯在希腊举行的国际田径赛上,以 71.54 m 的成绩刷新女子标枪世界纪录,成为使用新标枪后第一个成绩超过 70 m 的女选手。2005 年 8 月 14 日,在赫尔辛基田径世锦赛最后一天的女子标枪决赛中,梅嫩德斯又以 71.70 m 的成绩改写了世界纪录并夺得金牌。

2008 年 9 月 13 日,国际田联总决赛在斯图加特进行,在首日的女子标枪比赛中,捷克名将奥运会冠军斯波塔科娃以 72.28 m 的成绩打破了世界纪录。一个月以前的北京奥运会,斯波塔科娃在大雨中投出了 71.42 m 的惊人成绩,为她带来了一枚奥运会金牌,这让俄罗斯名将阿巴库莫娃的 70.78 m 成为徒劳。这次在斯图加特,斯波塔科娃延续了自己近期的惊人状态,最终以 72.28 m 把世界纪录提高了 58 cm。

第六章
运动损伤的生物力学分析

【学习任务】

本章从运动损伤的分类、运动损伤的特点、运动损伤的原因、运动损伤部位与运动项目技术特点的关系,对常见的几种运动损伤进行生物力学分析,从而在运动过程中注意防范,安全运动。

【学习目标】

1. 了解运动损伤的分类、特点、基本原因。

2. 了解不同运动项目发生运动损伤的规律。

3. 理解并掌握常见运动损伤的生物力学分析。

运动损伤概述

运动损伤是指在体育运动过程中发生的损伤。有些运动损伤与运动项目、技术动作特点密切相关,有的以运动项目冠名,如"网球肘""足球踝""跳跃膝"等损伤。

一、运动损伤的分类

(一)按损伤的组织分类

1. 软组织损伤

这类损伤在各类运动项目中均可能发生,在体育运动中比较多见,如皮肤挫伤、擦伤、裂伤,肌肉拉伤、挫伤,肌腱扭伤、断裂等。

2. 关节与韧带损伤

有急性和慢性的关节与韧带损伤,其中以慢性关节、韧带损伤比较多见,如足球运动员的膝踝损伤、网球运动员的肱骨外上髁炎(网球肘)、排球运动员的髌骨劳损等。

3. 骨骼损伤

这类损伤在各种运动项目中都可能发生,以四肢骨折、脱位为多,脊柱骨折次之,如肩关节脱位、肘关节脱位、前臂尺桡骨骨折、腕舟骨骨折、踝关节脱位、腰椎滑脱等。

4. 内脏损伤

跌扑时可损伤肝脾,产生大出血甚至危及生命。

5. 其他损伤

有时会出现一些其他的损伤,如眼挫伤、眉弓部皮裂伤、鼻挫伤、鼻骨骨折等。

(二)按损伤的时间分类

1. 急性损伤

急性损伤是一种突然发生的外伤,如在训练或比赛中,做某一动作不当时突然受伤。

2. 慢性损伤

在运动损伤中,慢性损伤比较多。一是急性损伤处理不当,伤后治疗不及时,受伤未完全痊愈过早进行训练等;二是训练安排不合理,局部训练过度或负荷过大,而又没有进行充分恢复逐渐发生的,如疲劳性骨折,髌骨劳损等。

(三)按损伤的程度分类

1.轻度损伤

受伤后不失去活动能力,仍能继续进行训练。

2.中度损伤

受伤后短时间内不能进行训练,需要暂时停止患部练习。

3.重度损伤

受伤后较长时间不能参加训练或比赛。

(四)按受伤部位的皮肤或黏膜是否破损分类

1.闭合性损伤

当人体受伤时,受伤部位的皮肤仍然保持完整性,受伤部位虽然可发现损伤,但并不伴有皮肤破裂或外出血。

2.开放性损伤

受伤部位的内部组织(如肌肉、骨等)与外界相通的损伤。

二、运动损伤的特点

运动损伤可发生于各种组织,主要是肌肉筋膜、肌腱、韧带、关节软骨骨组织等。

(一)软组织损伤

这类损伤主要是纤维结缔组织的损伤性炎症及变性,多为慢性损伤,主要表现为腱的玻璃样变、纤维变、截断变、小动脉增生及硬化等,有时变性的组织中会出现钙化、骨化现象。

(二)关节软骨损伤

关节软骨损伤主要表现为软骨的退行性病变,大部分是慢性劳损所致,也可在一次急性损伤中发生。大部分医者认为,这种软骨损伤后不能够再生,或不完全再生,一旦损伤就必然会留下永久性的损害,治疗比较困难。

(三)骨组织损伤

常见的是疲劳性骨折或疲劳性骨膜炎。一般改变训练方法,减少或停止局部负荷,可自愈或不直接影响训练。

三、运动损伤的基本原因

(一)思想上不够重视

运动损伤的发生,常常与体育锻炼者、教练员和体育教师对预防运动损伤的意义认识不足、思想麻痹以及缺乏相关预防知识等有关。他们平时不重视安全教育,在体育教学、运动训练和比赛中没有采取积极有效的预防措施。

（二）准备活动不合理

①准备活动不充分或不做准备活动。神经系统和其他内脏器官系统没有充分调动起来，肌肉的温度没有升高，肌肉的力量、弹性和伸展性较差，动作不协调，容易发生损伤。

②准备活动内容安排不合理。准备活动的内容与运动专项不符或未做专项准备活动，运动中负荷较大部位的功能没有得到充分提高。

③准备活动的量过大。身体已经疲劳，进入正式运动时，身体机能不是处于最佳状态而是有所下降。

④准备活动用力过猛，速度过快。相当于未做准备活动，违反循序渐进的原则和机能活动的规律，容易引起肌肉拉伤和关节扭伤。

⑤准备活动距离正式运动的时间过长。由于"痕迹效应"，正式运动时准备活动的生理作用已经减退或消失，相当于准备活动不充分或未做准备活动。

（三）技术错误

技术动作错误，必定违反人体结构功能的特点及力学规律而造成损伤。初参加运动训练的人或学习新动作时容易发生损伤。

（四）竞技状态不佳

休息或睡眠不好、患病、受伤或受伤后过早参加训练、疲劳时等，肌肉力量、动作的准确性和身体的协调性会显著下降，警觉性和注意力也会减退，反应比较迟钝，此时参加剧烈运动或做较难的动作，可能发生损伤或加重旧伤。情绪低落、急躁、缺乏锻炼的积极性或急于求成、胆怯、犹豫等都可能成为运动损伤的原因。

（五）违背训练原则

在教学或训练中，不遵守循序渐进、系统性及个别对待的原则。急于求成，过早地做一些高难度动作，出现动作错误而发生损伤。

（六）场地设备的缺陷

运动场地不平；器械维护不良或年久失修；器械安装不牢固或安放位置不妥当；运动时的服装和鞋袜不符合运动卫生要求等。

不同运动项目发生运动损伤的规律

研究证明，运动损伤的发生与运动专项的特点有密切的关系。了解各专项发生损伤的规律，对预防运动损伤有重要的意义。

一、田径运动中常见的运动损伤

田径运动包括走、跑、跳跃、投掷四大类。运动项目的不同,损伤的性质和部位也不同。

(一)跑中常见的损伤

短跑项目中,损伤主要集中在下肢:踝关节、小腿跟腱、膝关节、大腿后部屈肌拉伤,上肢运动损伤少见。

跑步时急停可引起髂前上棘的撕裂等。跨栏最易发生腘绳肌及股内收肌拉伤、腰部、膝关节和踝关节损伤。中、长跑中,运动量过大或跑道过硬,技术动作不正确,可出现胫腓骨疲劳性骨膜炎或疲劳性骨折。马拉松比赛,因距离过长,可发生会阴部、尿道口和腹股沟擦伤、髋部滑囊炎,弹响髋、踝部劳损等。

(二)跳跃运动中常见的运动损伤

跳跃运动包括跳高、跳远、三级跳、撑竿跳等。常见的损伤是:足踝部韧带扭伤或骨折、足跟挫伤、膝关节的韧带损伤或半月板损伤、前臂骨折、肩部挫伤、胸腰椎压缩性骨折和肌肉、韧带拉伤、腹直肌拉伤等。

(三)投掷运动中常见的运动损伤

投掷包括铁饼、标枪、铅球、链球等。投掷技术不正确可引起肩、肘及腰部的韧带和肌肉拉伤,严重的还可发生骨折。标枪运动中易发生膝关节慢性劳损,助跑结束时,一腿突然制动,使髌骨的软骨与股骨髁的髌面反复撞击,或肌肉反复牵拉所导致。

二、球类

球类运动包括篮球、排球、足球、乒乓球、羽毛球、网球、棒球、垒球等,各种球类技术特点不同,发生损伤也不同。

(一)篮球

篮球运动是一种灵活性极高的项目。在篮球运动中,常因跌倒、防守抢球、拦球等引起胸部和大腿肌肉的挫伤;急停、急转、冲撞或场地太滑引起急性外伤,发生擦伤或关节韧带拉伤、扭伤,甚至骨折;膝关节韧带拉伤或半月板损伤;前臂骨折、腕部舟状骨骨折;训练安排不当、滑步攻防、急停、踏跳上篮或跳台阶等训练过多,关节负荷过大造成髌骨劳损。

(二)排球

排球运动中,常见的损伤部位是手指、肩、膝和腰部。

①手部:初学者技术不熟练,动作不正确,拦网或托球时,手指过于背伸或球过硬导致手指挫伤、指关节脱位等。

②肩部:肩部负荷过大,肩外展、外旋、屈肘扣球过多,造成冈上肌肌腱在肩峰和肱骨间受到挤压和研磨造成肩袖损伤、肱二头肌肌腱腱鞘炎等。

③膝部:在训练或比赛中,运动员经常处于半蹲位,膝关节不稳的情况下,突然转体,膝

关节过度旋转导致髌骨软骨病、半月板损伤等。

④腰、背部：扣球姿势不正确，起跳时机或击球位置未掌握好，躯干过度后仰，扣球、救球倒地导致腰背肌肉拉伤或慢性劳损等。

（三）足球

球类运动中运动损伤发生率最高的项目是足球。除擦伤、挫伤外，还有骨折、脱臼甚至内脏破裂。膝关节的损伤最为常见，如半月板撕裂、膝十字韧带撕裂、髌骨骨折、髌骨软骨病、股骨或胫骨骨折、股四头肌肌腱断裂、跟腱断裂等。守门员扑球时摔倒，可发生腕舟状骨骨折、桡骨远端骨折、肘部损伤。

（四）乒乓球

乒乓球项目运动损伤的发病率较其他项目低，多为逐渐引起的慢性损伤。如正手扣杀过多、过猛导致的肩袖损伤、肱二头肌长头肌腱鞘炎；横拍运动员反拍削球练习过多，导致肱骨外上踝炎；肩外展大板扣杀练习过多，发生肩过度外展综合征。

（五）网球

网球运动中常见的运动损伤有网球肘、手腕扭伤、腕关节腱鞘炎、腰肌劳损、急性腰扭伤、膝关节半月板损伤、膝关节前交叉韧带损伤、踝关节扭伤等。

三、武术

武术运动是我国传统的体育项目，近年来，随着武术运动的革新和发展，武术动作难度不断提高，在训练和比赛中也会发生运动损伤。

（一）肌肉拉伤

武术运动中肌肉拉伤的发生率最高。多见于大腿后肌群，其次是内收肌群。正压腿、正踢腿和劈叉等动作过多、准备活动不充分、用力过猛、局部负荷过重等都可发生运动损伤。腰背肌力量不足，在旋子、腾空转体、后踢腿等腰部负荷很大的动作中，可引起腰肌劳损。

（二）关节扭伤

关节扭伤以踝关节扭伤最多，其次是膝关节、骶髂关节。上肢发生扭伤比较少。关节扭伤通常是跳起腾空后，落地动作不稳、技术动作错误或场地不符合要求所导致的。

（三）髌骨劳损

武术运动中使膝关节经常处于半蹲位，如虚步、弓箭步、马步等，并且经常做起跳、落地等动作，会使膝关节负荷过重，如果运动量掌握不当，就容易发生髌骨劳损。

（四）意外损伤

技术动作错误、队员之间配合不好、思想不集中、动作不协调，可被器械打到或刺伤。

一、软组织损伤

人体的软组织在日常生活、生产劳动及体育运动中经常会出现损伤。软组织损伤的原因很多,主要是外力作用引起的损伤,如牵拉力引起的拉伤、扭转力导致的扭伤、摩擦力造成的擦伤、挤压力产生的挫伤、慢性劳损等。

(一)肩袖肌腱炎

肩袖肌腱炎又称为创伤性或退行性肌腱炎,多见于体操、投掷、举重、划船、排球等项目中。肩袖肌具有稳定肱骨头,协助三角肌外展上臂的功能。肩袖的解剖学弱点是,在外展负重转肩或超常范围急剧转动时,肱骨大结节与肩峰和肩喙韧带的摩擦挤压或牵拉,使位于狭窄间隙骨的肩袖受到损伤,发生创伤性炎症。网球运动的扣杀,排球运动的扣球,体操中单杠大回环、吊环十字支撑至转肩,鞍马的摆越,投掷运动时的出手动作,举重运动中的抓举及游泳运动中的转肩划水等,均可引起肩袖肌腱炎。特别是专项训练过于集中在肩部,或者在疲劳的情况下训练,更容易导致肩袖肌腱损伤(图6-1)。另外,肩关节脱位、肩峰及大结节骨折,肩关节周围炎等,可引起继发性肩袖肌腱炎。

图6-1　扣杀等动作

(二)肱二头肌长头腱鞘炎

原因是肩关节的超常范围运动,导致肱二头肌长头肌腱在结节间沟内受到牵拉、摩擦或折屈损伤;一次突然牵拉而伤。例如,举重物时忽然翻肩脱手,可导致肱二头肌长头肌腱损伤,发生急性腱鞘炎。标枪、排球等运动项目肩部活动多、负荷大,反复地摩擦、牵拉、挤压等,多次微细损伤的积累而发生慢性腱鞘炎。

(三)肘内侧软组织损伤

任何造成肘关节的过度外翻、过伸、旋后，或前臂屈肌、旋前圆肌的突然大力收缩的动作，都可造成肘关节内侧关节囊、韧带及肌肉的损伤。常见于标枪、手榴弹、体操、举重等项目。如投掷标枪或手榴弹的动作错误，前臂突然外展，可导致尺侧副韧带撕伤；手榴弹出手后屈腕过快，可导致内上髁屈肌附着部撕伤；体操运动员从器械上摔下时手掌撑地，若前臂处于旋外位，肘微屈并外翻，可导致肘内侧副韧带、关节囊或肌肉的部分或完全撕裂。

经常用力做屈腕、屈指及前臂旋转动作时，使腕屈肌及旋内圆肌反复紧张收缩，肱骨内上髁肌肉附着处长期受到牵拉，会发生慢性损伤。

肌肉、韧带、关节囊损伤，撕裂的局部出血、肿胀，其周围组织呈反应性炎症，若反复损伤，会使肘内侧副韧带及关节囊松弛，有时会出现钙化现象，肌肉附着处反复损伤出血，久而久之出现骨质增生或骨化。

(四)肘外侧疼痛综合征

肘关节外侧疼痛或影响伸腕和前臂旋转、屈伸功能的慢性或劳损性疾病，因为疼痛多发生在肘外侧的肱骨外上髁周围，所以称为肱骨外上髁炎，又因好发于网球运动员，故又名网球肘（图6-2）。

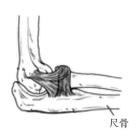
尺骨

图6-2 网球肘

①经常做屈伸腕关节及前臂旋转动作。可引起肱骨外上髁及周围组织产生病变，即肌肉及韧带附着部位拉伤，肱桡关节间的滑膜嵌顿及局限性滑膜炎。

在网球运动中练习反拍、下旋击球时，球的冲击力会作用于腕伸肌群上，致使该肌群肱骨外上髁附着部位受到牵拉。动作重复使该部位反复受到牵拉而发生损伤。

乒乓球、羽毛球运动正手扣杀及反拍击球，排球运动的错误扣球（屈肘扣球并前臂急剧旋内），击剑刺杀时前臂剧烈旋转等，都可使前臂伸肌附着部位不断受到牵拉而发生损伤。

②环状韧带变性。当桡骨小头旋转到某一角度时，发生了偏心作用，反复旋转及撞击，使环状韧带受到微细的损伤而不及时修复，慢慢积累发展成为炎症。

③伸肌总腱变性及腱下组织的慢性炎症可导致肘外侧疼痛，即腱下滑囊炎。肘外侧疼痛综合征属于末端病的病理改变，是一种慢性劳损。由于伸肌腱的反复牵拉，腱纤维在肱骨外上髁附着部发生撕裂，甚至断裂，断裂部分由瘢痕组织代替，产生黏连。撕裂时掀起周

围的骨膜,形成骨膜下出血及血肿,继而骨化,出现肱骨外上髁骨质增生,肌腱本身也会产生钙化或骨化。腱周围可有筋膜黏连,腱下组织会发生慢性无菌性炎症及滑炎。关节滑膜长期受到肌肉、韧带的牵扯刺激而增生变厚,这时当肘关节屈伸和前臂旋转时,滑膜可嵌入肱桡关节之间,产生损伤。

(五)桡骨茎突部狭窄性腱鞘炎

经常做拇指内收、腕关节的尺偏动作,使伸拇短肌及外展拇长肌在骨韧带管内长期受到牵拉、摩擦;反复做腕背伸桡偏动作,可使肌腱折屈并加大成角;腕及手指的运动,使两腱活动不完全一致,在鞘内互相摩擦等一系列的机械刺激,都可导致桡骨茎突部狭窄性腱鞘炎。长期手工操作的妇女、步枪运动员及举重运动员容易发病。

(六)坐骨结节损伤

坐骨结节损伤是指坐骨结节肌肉附着点的拉伤、骨折以及骨骺分离。多见于武术、体操、短跑、足球和跳高等运动员,舞蹈演员也有损伤者。

训练时,若天气很冷,准备活动不充分,肌肉的弹性差,再加上大腿后群肌肉受到过度牵拉或强烈收缩,可使肌肉附着处发生损伤。武术运动中的正面压腿或踢腿,踝关节背伸,膝关节伸直,髋关节极度屈曲,腘绳肌拉得很紧,这种情况可使坐骨结节被拉伤。跳高运动员起跳时足用力蹬地,腘绳肌强烈收缩,也会使坐骨结节拉伤。直接的暴力,如坐骨结节与较硬的地面撞击,也能导致损伤。

(七)膝内、外侧副韧带损伤

膝关节无论是伸直位还是屈曲位,强迫小腿外展的暴力,使膝关节突然外翻,可引起膝内侧副韧带损伤。膝关节在$130° \sim 150°$半屈曲位,小腿突然外展、外旋,或者脚与小腿固定,大腿猛烈内收、内旋,更容易引起膝内侧副韧带损伤。膝关节微屈时,暴力直接作用于膝关节外侧,也可引起膝内侧副韧带损伤。严重时常合并内侧半月板边缘撕裂,或合并前十字韧带断裂,甚至会出现膝关节损伤三联症(即内侧副韧带、内侧半月板、前十字韧带都断裂),使膝关节的稳定性遭到严重破坏,韧带断裂也常合并滑膜撕裂,引起创伤性滑膜炎或关节积血。

膝外侧副韧带损伤比较少见,只有强大的暴力迫使膝关节过度内翻才可能发生。因正常人下肢都有轻度膝外翻,故即使发生了也不如内侧严重。膝外侧有髂胫束、股二头肌腱以及腘绳肌的保护,可防止膝内翻。膝伸直时,外侧关节囊出现紧张,对韧带有保护作用;膝屈曲时,外侧副韧带松弛,不易受到牵张,再加上对侧下肢的作用可防止膝内翻和小腿内收,膝外侧韧带损伤机会比较少。

(八)膝十字韧带损伤

膝十字韧带分为前、后两条十字韧带,它是维持膝关节稳定不可少的结构。膝十字韧带损伤是膝关节严重损伤之一。

前十字韧带分前内侧束和后外侧束,在关节过伸、过屈时都最紧张,半屈位时稍松弛,主要功能是防止胫骨前移,限制膝的过伸、过屈、内旋、外旋、内翻、外翻活动。膝关节在150°~180°时,后外侧束最紧张,防止小腿过度内收、内旋及胫骨髁向前错位;膝关节屈至90°时,前内侧束较紧张,防止小腿外旋以及胫骨髁向前错动。无论是损伤外侧或内侧副韧带的机理,都可导致前十字韧带的损伤。

后十字韧带比较粗大,其强度是前十字韧带的两倍,也分为前、后两束。膝伸位时后束紧张,前束相对松弛;膝屈位时前束紧张,后束相对松弛。功能是防止膝关节过度伸或屈。膝屈位时防止胫骨髁向后错位,限制膝关节旋转和向侧方活动(内翻或外翻)。

前十字韧带损伤:多为过伸暴力或者强力外展、外旋小腿造成的。过伸损伤时多数是撕裂膝的后关节囊、后十字韧带,再撕裂前十字韧带;接近伸直位内翻(内旋内收)时,可损伤前十字韧带的后外束;在90°外展外旋(外翻)时,损伤前内束,暴力过大则两束同时断裂;膝于90°左右,小腿固定而大腿前面突然受到打击,使股骨向后错动或小腿后面被撞击,胫骨上端向前错动,都会使前十字韧带损伤。前十字韧带单独损伤的机会比较少,通常合并侧副韧带、关节囊、半月板损伤。

后十字韧带损伤:通常为强大暴力所致。膝关节韧带结构中后十字韧带最强大,是膝关节屈伸及旋转的主要稳定结构,相当于膝关节的旋转活动轴。后十字韧带损伤多发生膝屈位,暴力从前方打击胫骨上端使之后移而引起的或当膝伸直支撑时,膝前受暴力冲击使之过伸而引起损伤。前者膝在屈位,腘窝肌及腓肠肌分别垂直于胫骨及股骨,从而失去保护膝关节的作用,这时只有后十字韧带最紧张,如果胫骨前面所受暴力过大,则使其单独断裂,韧带损伤多在中部或下止点;后者则常常合并其他损伤,如内、外侧副韧带,半月板,前十字韧带等的损伤,韧带损伤多在上端止点。

(九)膝半月板损伤

半月板与膝关节的内、外侧副韧带及前、后十字韧带,起到加强膝关节的稳定性,并限制膝关节内、外旋转的活动。当压力减小时,半月板向内移动,压力增大时,向外移动;膝关节伸直时,半月板向前移动,屈曲时,向后移动;膝关节半屈曲做小腿外展、外旋或内收、内旋时,两侧半月板位于一前一后,这时若动作突然,半月板来不及滑移,则会使半月板在股骨髁和胫骨平台之间发生强烈的研磨,引起各种类型的损伤。当膝关节屈曲,小腿固定于外展、外旋位,大腿突然内收、内旋并且伸膝时,可能造成内侧半月板撕裂;当膝关节屈曲,小腿固定于内收、内旋位,而大腿突然外展、外旋并伸膝时,会造成外侧半月板撕裂。少数运动员没有急性损伤史,则系过多的磨损或多次微细损伤所导致的(图6-3)。

例如,篮球运动中切入上篮落地时身体急剧改变方向、排球运动中的拦网落地瞬间转身救球、足球运动中的急停转身、铅球或铁饼等运动中的膝旋转动作、体操运动中落地时的重心不稳等,都可能会使半月板损伤。此外,膝关节突然猛力过伸,使半月板前角受到挤压,如足球正脚踢球时"漏脚",可使半月板前角损伤。

图 6-3　膝关节各种受力情况

（十）髌骨软骨病

髌骨软骨病在运动员膝关节损伤中较常见,主要病理变化是软骨的退行性改变,又称为髌骨软骨软化症、髌骨劳损。本病在运动员中发病率较高,尤其是篮球、排球运动员发病率最高,其次是田径、体操及举重运动员。发病率和训练水平、训练方法有关。双膝受伤比单膝受伤多,双侧下肢都用力的项目,如篮球、排球、跑等项目多为双膝受伤;单侧腿用力较多的项目,则使用多的膝受伤较多,如跳高、足球等。

髌骨软骨病和髌骨的生理功能有很大的关系:传递股四头肌力量;增加股四头肌的作用力矩,以加强股四头肌的力量;有"车链"作用,可增加膝的回转能力;保护膝关节在半屈位的稳定性,防止膝异常内收、外展及前后错动。解剖学观察已经证明:膝半屈曲时,两侧的韧带、十字韧带和膝两侧的肌肉都处于松弛状态,人体在半蹲位运动时膝关节稳定,主要就是依靠股四头肌与髌骨的维持。

在运动中,髌骨与股骨关节面互相挤压、摩擦,关节面承受的压力随膝屈曲的角度不同而改变。如跳远运动员最后一步踏跳时,足部承受的力量在 500 kg 以上,髌骨承受的压力约 364 kg。生物力学研究表明,膝屈曲角度小于 90°时,只有股四头肌的直头起伸膝作用;

超过90°后,其他三个头才逐新参与伸膝功能中;在130°～150°时伸膝力量最大。几乎所有的跑、跳动作都是在130°～150°的位置"发力",因为发力集中,髌骨软骨承受的压力最大。膝屈伸在130°～150°时,骨关节面接触面最大,膝的稳定主要靠髌骨维持。

髌骨软骨病的生物力学机制是:发病率较高的是膝在半蹲位扭转发力动作为主的项目,如篮球滑步防守切入上篮、铁饼半蹲位旋转掷出、排球半蹲位并膝防守位发力救球等动作;髌骨受到直接顶撞或膝突然内、外翻可引起软骨骨折,晚期也会呈现出软骨软化症状;膝受伤后由于疼痛及关节不稳,人体反射性地保护,改变了膝正常的力学功能,久而久之则出现劳损,如半月板损伤及韧带断裂可继发髌骨劳损。

(十一)跟腱断裂

跟腱断裂最常见的运动项目有体操、技巧、篮球、足球、田径和羽毛球,武功演员偶有发生。跟腱是由小腿三头肌(包括腓肠肌和比目鱼肌)下方肌腱共同组成的人体最粗大而坚强有力的肌腱,小腿三头肌的主要机能是使足跖屈。运动中跟腱承受很大的拉力,如跳高运动员最后一步踏跳时,跟腱承受的拉力在700 kg以上。

间接暴力的猛烈牵拉是导致跟腱断裂的主要原因。在跑跳运动中,小腿三头肌猛烈地收缩,踝关节由背伸位突然跖屈,引起跟腱断裂。若准备活动不充分,过度疲劳或有跟腱腱围炎者,更容易受伤。直接暴力引起跟腱断裂者较少见,当跟腱处于紧张状态时,暴力直接作用在紧张的跟腱部,也可能发生断裂。跟腱断裂的好发部位,是肌腹与跟腱交界处、骨结节上3 cm和跟骨结节附着部。

二、常见的运动性骨折

(一)胫腓骨疲劳性骨折

本病又称行军骨折,常见于跑跳过多的运动员、长途行军的战士、终日奔走的妇女,舞蹈演员偶有发生。胫腓骨疲劳性骨折是一种低应力性骨折,是指胫骨或腓骨受到多次或长期积累性损伤引起的骨折,即损伤性应力在局部积累所致。

一般认为本病由运动由训练水平差、动作不正确、运动量突然加大或运动场地太硬等因素所导致。运动员在跑跳过程中,脚用力蹬地,小腿肌肉处于紧张状态,持续性的收缩,先引起肌肉疲劳。肌肉疲劳后,肌肉收缩力降低,从而改变骨的应力分布,使高载荷出现,随着循环次数的增加,可导致疲劳性骨折。骨折既可能出现在受拉侧,也可能出现在受压侧,或者两侧都出现。拉力侧骨折产生横向裂缝,且很快扩展为完全骨折;压力侧骨折发生比较缓慢,骨重建过程不太容易被疲劳过程超过,而且可能不扩展为完全骨折。

运动员多见于胫骨下1/3处,战士多见于胫骨上1/3处(图6-4)。

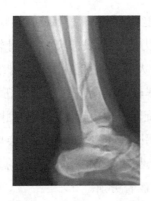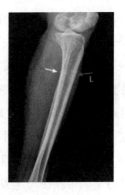

图 6-4　胫腓骨疲劳性骨折

(二)肱骨投掷性骨折

肱骨投掷性骨折多在投手榴弹中发生,又称为手榴弹骨折。这种骨折呈螺旋形,常合并桡神经损伤,这种损伤偶可见于标枪、棒球、垒球等投掷项目。

肱骨投掷性骨折多数是在疲劳情况下,猛力投弹,肌肉不协调、投掷姿势错误,尤其是扭转力超过了肱骨干承受的限度时,可造成骨折。

以投手榴弹骨折为例,描述损伤原理。正确的投弹动作是助跑后,进入投掷步阶段,在此阶段身体各部分的动作应当协调,正确的顺序是引弹、蹬地、送髋,这时身体应呈反弓姿势(超越器械),身体由侧向逐渐旋转向投弹方向时,挥臂投弹(图 6-5)。正确的投弹动作,上臂内旋时肌肉牵拉方向与肱骨干的纵轴基本一致,这种情况下几乎没有扭转力,一般不会发生骨折。但错误的投弹姿势,上、下肢和腰部的动作配合极不协调。错误的引弹动作是上臂外展 90°,屈肘 90°,并且肘低于肩,弹体及前臂受惯性影响,肱骨下段外旋;投掷时三角肌的锁骨部、胸大肌、大圆肌、背阔肌、肩胛下肌急剧收缩,使肱骨上段内旋。这样相当于骨干同时承受两种不同方向的扭转力,发生螺旋形骨折。骨折发生后,骨折近端相对地稳定,远端及前臂因受到重力作用而屈,即在远端骨折的内后方继发一个较大的骨折区域。这种骨折多发生在肱骨中段,常并发桡神经损伤。

图 6-5　投掷手榴弹动作

　　运动过程中不可避免地发生各种各样的损伤,急性损伤治疗不当、不及时或过早参加训练等可转化为慢性损伤。要了解运动损伤的原因,必须熟悉和掌握各项运动的特点和规律,并在运动过程中进行敏锐的观察,熟悉、掌握、分析运动过程中损伤的发生情况,受伤的机理。

回顾与思考　　结合本人专项进行总结:专项运动技术特点,运动损伤常见部位及其解剖生理特点,发生损伤的病因病理,症状与诊断,如何进行治疗。

相关事件

每天微信步数两万多,然后腿差点废了……

现在的朋友圈晒自拍、晒美食、秀恩爱、打广告,不是像逛淘宝,就是像看新闻联播,还有一种就是"拼步数",每天总有那么几个人步数平稳保持在两万步以上! 为了上排行,大家也是蛮拼的……

有的投机取巧,也有的完全靠脚,日走万步甚至几万步! 没有最高,只有更高! 如果某天登顶朋友圈排行榜,真的会骄傲得不行……

有句话是这样说的:"饭后百步走,活到九十九。"在大家的概念里,走路是最好的长寿药,多走路肯定对身体是有好处的嘛。

但事实真的是越多越好吗? 骨科专家指出:走路运动虽然有利于健康,但运动要掌握适当的方法,一味大量走路或许会损伤腿部。

朋友圈拼步数健步走不当会成伤害走?

日行两万步＝膝关节积液

张阿姨今年50多岁,平时爱好锻炼身体的她,经常到附近公园散步,基本上每天两万步打底。没想到,这种追求健康的方式给她带来大麻烦。正是因为走路太多,对膝盖产生了损伤,时间长了,原本应该起到润滑关节作用的关节腔液越来越多,形成了积液。

通过微信运动排行榜的激励方式适当走路,对身体有一定帮助,但千万不能不顾自身体质,特别是为了冲榜而盲目增加走路的量,反而会伤害到身体健康。

不能只看步数,强度也很重要

步行分散步和健步走两种,而单纯的步数并不意味着什么!

成年人每天平均步行在6 500步左右,但大多数都强度不高,对健身没有太多效果。许即使每天过万步，也未必能达到理想强度，尤其是利用上下班期间步行，属于"生活步行"，只能起到放松和维持肌肉新陈代谢和力量的作用，而不能达到运动健身的效果。

要想达到更好的锻炼效果，应该健步走。健步走的速度和运动量介于快步走与竞走之间，步行频率应在 120~140 步/min。

你的身体每天能承受这么多步吗？

每个人承受的运动量不一样。如果平时有运动习惯，每天一万步两万步并不困难。但平时缺乏运动的人，突然一天内走上两万步，可能会对心血管系统和运动系统造成负担。如果持续这么做，可能出现关节、韧带、骨骼损伤。

青壮年和平时经常运动的人参与这项运动没有问题。这是因为：一是 30~40 岁的人肌肉力量还不错，即使参加健步走，也没有太多问题；二是这个年龄段的人因为工作压力大，没有太多的时间运动，没有"损伤"。

对中老年人来说，每天可以坚持轻负荷的锻炼 30 min 以上，但不要超过 1 h。如果换算成步数，大概在 5 000~10 000 步。40~60 岁的人骨关节特别是软骨处于代谢变化期，突然剧烈运动容易产生软骨损害，造成软骨损伤炎、滑膜炎、骨性关节炎等疾病。

到底怎么走才最健康呢？

走路被世界卫生组织认定为"世界上最好的运动"。研究表明，走路多的人身体会更健康。无论是徒步旅行还是记步运动，都可以起到锻炼身体的作用。专家认为每天走 6 000 步才能达到健身的效果（6 000 步≈3~4 km 行走距离≈30 min 中等强度运动）。《中国居民膳食指南》也建议成年人每天进行累计相当于 6 000 步以上的身体活动。每天 6 000 步，是走路最健康的步数！

走路还需要姿势吗？

健步走一般来说讲究姿势、速度。但很多人在健步走时容易犯两种错误：低头，或者头抬得过高导致身体后仰。这两种姿势都可能导致身体失去平衡，让背部下方肌肉受到过大压力，从而可能拉伤和疼痛。

健步走时不要向上或者向下看，目视前方，脖子和身体保持成一直线。在走步过程中，最好抬头挺胸、肩部保持放松，收紧腹部，不要翘臀，双臂紧靠身体，另外，走路时多留意自己的身体姿势，及时纠正错误动作。

锻炼最好每天保持 20~40 min，不可贪多。一定要遵循科学规律，不能一开始就高速走几公里，可以先参加低速健步走，让身体适应后，再逐渐提高速度和长度。

另外，心脏不好的赶快学起来，通过走路让心脏好起来的方法：把胳膊摆起来，最好摆到齐肩平，把步子迈开，配上呼吸。每天坚持 15~20 min，比走两个小时都有效果哦！

（来源：综合来自科技日报、健康网等）

参考文献

［1］陆爱云.运动生物力学［M］.北京:人民体育出版社,2010.

［2］赵焕彬,李建设.运动生物力学［M］.北京:高等教育出版社,2008.

［3］运动生物力学编写组.运动生物力学［M］.北京:北京体育大学出版社,2015.

［4］郑秀媛.现代运动生物力学［M］.北京:国防工业出版社,2002.

［5］运动生物力学编写组.运动生物力学［M］.2版.北京:高等教育出版社,2000.

［6］运动生物力学编写组.运动生物力学［M］.北京:高等教育出版社,1988.

［7］冯元桢.生物力学［M］.北京:科学出版社,1983.

［8］姜宗来,樊瑜波.生物力学——从基础到前沿［M］.北京:科学出版社,2010.

［9］阿瑟·E.查普.人体基本运动的生物力学分析［M］.金季春,译.北京:北京体育大学出
版社,2010.

［10］杜安·努森.生物力学基础［M］.2版.钟亚平,胡卫红,译.北京:人民体育出版
社,2012.

［11］秦廷武.临床生物力学基础［M］.北京:军事医学科学出版社,2015.

［12］杨华元.生物力学［M］.北京:人民卫生出版社,2012.

［13］李世明.运动生物力学理论与方法［M］.北京:科学出版社,2006.

［14］弗拉基米尔M.扎齐奥尔斯基.运动生物力学［M］.陆爱云,译.北京:人民体育出版社,
2004.

［15］B.M扎齐奥尔斯基.人体运动器官生物力学［M］.吴忠贯,刘荣曾,易先俊,译.北京:
人民体育出版社,1987.

［16］全国体育学院教材委员会.运动生物力学［M］.北京:人民体育出版社,1990.

［17］教育部师范教育司.运动生物力学［M］.北京:高等教育出版社,2000.

［18］卢德明.运动生物力学测量方法［M］.北京:北京体育大学出版社,2001.

［19］马和中.生物力学导论［M］.北京:北京航空航天大学出版社,1985.

［20］石玉琴,魏文仪,周里,等.运动生物力学［M］.北京:人民体育出版社,1999.

［21］陶祖莱.生物力学导论［M］.天津:天津科技翻译出版公司,2000.

［22］全国体育学院教材委员会.运动生物力学［M］.北京:人民体育出版社,1990.

［23］金季春.运动生物力学高级教程［M］.北京:北京体育大学出版社,2007.

［24］唐跃伟.医用物理学［M］.北京:高等教育出版社,2015.

［25］潘志达.医用物理学［M］.北京:人民卫生出版社,2009.

［26］周士枋,丁伯坦.运动学［M］.北京:华夏出版社,2006.

［27］运动生物力学编写组.运动生物力学［M］.北京:北京体育大学出版社,2015

［28］荣湘江,姚鸿恩.体育康复学［M］.北京:人民体育出版社,2008.

［29］李宗述.体育康复学［M］.成都:四川教育出版社,1995.

［30］陈耀福.伤科诊疗与按摩［M］.成都:成都体育学院教材委员会,2000.

［31］张钧.体育康复学［M］.桂林:广西师范大学出版社,2005.

［32］李古强,李渤.人体运动学［M］.武汉:华中科技大学出版社,2015.

［33］中国体育科学学会,香港体育学院,袁伟民.体育科学词典［M］.北京:高等教育出版社,2000.

［34］Atsushi Lkai. The World of Nano-Biomechanics［M］. Elsevier, 2008.

［35］Y. C Fung. N. Perrone and M. Anliker, Biomechanics:its foundations and objectives［M］. Prentice-Hall,1972.

［36］Fang Y. C. , Biomechanics:Mechanical Properties of Living Tissues［M］. Springer-Verlag,1981.

［37］周志鹏,曲峰,刘鹏,等.不同方向单腿跳跃落地及运动疲劳对非接触性前交叉韧带损伤风险的影响［J］.中国体育科技,2017,53(01):111-117.

［38］王立端,曲峰,杨辰.鞋与场地表面间的摩擦系数对乒乓球运动员跨步动作膝关节生物力学特征的影响［J］.北京体育大学学报,2017,40(06):54-59.

［39］戎科,钱竞光.运动生物力学仿真建模软件 Life MOD 和 Open Sim 的建模比较［J］.南京体育学院学报:自然科学版,2015,14(5):38-42.

［40］宋和胜,钱竞光,唐潇.基于软件 Open Sim 的人体运动建模理论及其应用领域概述［J］.医用生物力学,2015,30(04):373-379.

［41］仰红慧,蒋川.第十六届全国运动生物力学学术交流大会述评［J］.体育科研,2014,35(01):28-30.

［42］仰红慧,戚雅茜.第十七届全国运动生物力学学术交流大会述评［J］.体育科研,2015,36(02):1-3.